CÓMO
LOS RICOS
SE HACEN
MÁS RICOS

Amat Editorial, sello editorial especializado en la publicación de temas que ayudan a que tu vida sea cada día mejor. Con más de 400 títulos en catálogo, ofrece respuestas y soluciones en las temáticas:

- Educación y familia.
- Alimentación y nutrición.
- Salud y bienestar.
- Desarrollo y superación personal.
- Amor y pareja.
- Deporte, fitness y tiempo libre.
- Mente, cuerpo y espíritu.

E-books:

Todos los títulos disponibles en formato digital están en todas las plataformas del mundo de distribución de e-books.

Manténgase informado:

Únase al grupo de personas interesadas en recibir, de forma totalmente gratuita, información periódica, newsletters de nuestras publicaciones y novedades a través del QR:

Dónde seguirnos:

 | @amateditorial

   | Amat Editorial

Nuestro servicio de atención al cliente:

Teléfono: **+34 934 109 793**

E-mail: **info@profiteditorial.com**

GABRIEL SHAHIN

CÓMO LOS RICOS SE HACEN MÁS RICOS

La guía definitiva para
CREAR RIQUEZA

Amat
editorial

La edición original de esta obra ha sido publicada en lengua inglesa por Forbes Books con el título *How the Rich Get Richer*, de Gabriel Shahin.

© Gabriel Shahin, 2026
© Profit Editorial I., S.L., 2026
  Amat Editorial es un sello de Profit Editorial I., S.L.
  Travessera de Gràcia, 18-20, 6º 2ª. 08021 Barcelona

Diseño de cubierta: XicArt
Maquetación: gama sl

ISBN: 978-84-10451-58-2
Depósito Legal: B 3434-2026
Primera edición: Marzo de 2026

Impresión: Gráficas Rey
Impreso en España - *Printed in Spain*

A mi esposa, Sophia, y a mis hijos, Angelina, Abraham y Victoria. A mi padre y a mi madre, que me ayudaron a adquirir sabiduría, consejos y fortaleza. A mis hermanos y a mi familia; mi objetivo es allanar el camino del éxito para todos nosotros.

Índice

CAPÍTULO 4. LOS RICOS PLANIFICAN SU JUBILACIÓN

CAPÍTULO 5. LOS RICOS INVIERTEN EN BIENES INMUEBLES

CAPÍTULO 6. LOS RICOS PREFIEREN EL LARGO PLAZO

CAPÍTULO 7. LOS RICOS SON DUEÑOS DE NEGOCIOS

CAPÍTULO 8. LOS RICOS ENTIENDEN CÓMO FUNCIONAN LOS SEGUROS

CAPÍTULO 9. LOS RICOS CONOCEN LAS REGLAS ANTES DE SALTÁRSELAS

CAPÍTULO 10. LOS RICOS SE SIENTEN CÓMODOS CON LA INCOMODIDAD

Introducción

❝Si no encuentras la manera de ganar dinero mientras duermes, trabajarás hasta que mueras.

Warren Buffett

Tenía que haber una forma mejor.

Incluso cuando era asesor financiero novel al principio de mi carrera, sabía que algo no funcionaba del todo bien en el sector de los servicios financieros. Dediqué mucho tiempo a analizar la estructura de empresas como Morgan Stanley y Charles Schwab. Años más tarde, con mucha más experiencia y tras reflexionar más profundamente sobre los principios e ideas financieras en los que creía, fundé Falcon Wealth Planning, una empresa de gestión patrimonial diferente, que no se basaba en comisiones y ventas, sino en relaciones personalizadas. Gracias a ella, aumento el patrimonio de mis clientes y los llevo a la libertad y la independencia financieras con lo que sé sobre cómo los ricos se hacen más ricos y con mi propio conjunto de principios éticos inquebrantables.

Un segundo. Supongo que antes de seguir debería dar un paso atrás.

Crecí con Honesto Abe. Así es como llamaban a mi padre, que era propietario de una pequeña empresa, aquellos que lo conocían. Probablemente podría haber tenido un negocio muy próspero, ya que se dedicaba a la reparación de calzado, un oficio y una artesanía que casi se han perdido. Se le daba muy bien su trabajo, pero siempre tendía a ayudar a los necesitados en lugar de buscar sus propios beneficios. A veces, la gente repara los zapatos en lugar de comprar otros nuevos porque no puede permitírselos.

Sin embargo, en ocasiones es más caro arreglarlos que comprarlos. Por lo tanto, mi padre, siempre honesto, por un lado, iba en contra de su propio negocio al dar ese consejo a los posibles clientes y, por otro, ofrecía descuentos o incluso hacía trabajos gratis. En el gran esquema de la gestión de un negocio, regalar trabajo no es un gran plan. Pero Honesto Abe no lo veía así.

Él me enseñó a hacer lo correcto. Aprendí de él un dicho que, en español, es algo así como «ayudar desinteresadamente a los demás te acabará beneficiando más adelante», otra forma de decir «lo que se siembra se cosecha».

Cada uno de nosotros se enfrenta a una elección a medida que avanzamos en la vida: cuando las cosas se ponen un poco difíciles, podemos seguir adelante siendo íntegros o no. Aunque mi padre tuvo altibajos y momentos difíciles con sus negocios a lo largo de los años, vi que nunca abandonó su ética, algo que jamás se me olvidará. Francamente, esa fue una herencia más importante que cualquier legado financiero. Estoy tremendamente orgulloso de llevar esos valores conmigo.

Por otra parte, de niño ya demostraba una notable aptitud para los números. Estaba seguro de que ese iba a ser mi camino. Siempre tenía la cabeza llena de matemáticas y energía; hoy en día probablemente me habrían diagnosticado TDAH, algo que parecen tener innumerables empresarios y líderes del sector. Es una especie de superpoder.

Siempre digo que las cifras nunca mienten, pero también que los mentirosos calculan. Me fascinaba el poder de las cifras y los números, así que las matemáticas eran el camino que quería seguir. De niño, en verano ayudaba a mi padre en la zapatería, pero empecé a trabajar a los 15 años, cuando conseguí unas prácticas en *USA Today* como auditor de cabecera. Siempre pensé que iba a ser contable, como algunos de mis primos, que tenían mucho éxito. En mi familia, ingeniería o contabilidad eran las dos carreras que solíamos seguir.

Estaba tan seguro de que mi futuro estaría en la contabilidad y las matemáticas que, un par de meses antes de graduarme en el instituto, conseguí un trabajo en la compañía de servicios financieros Wells Fargo y trabajé allí durante casi cinco años. Me decepcionó que no me admitieran en el Programa de Contabilidad de la Universidad Estatal de Arizona. Así que cambié ligeramente de rumbo y me licencié en Administración de Empresas. Quería graduarme lo antes posible, así que saqué la carrera en tres años. Irónicamente, la universidad me aceptó en su Programa de Máster en Contabilidad, pero no en su programa de grado (aunque luego decidí obtener el MBA en la Universidad de Massachusetts).

Después cambié de trabajo y me incorporé a U.S. Bank, donde descubrí mi pasión por las finanzas frente a la contabilidad. Allí también aprendí a liderar. Tuve la suerte de contar con unos mentores increíbles que me animaron a dar ese giro. Más tarde, pasé a trabajar en agencias de valores, como Morgan Stanley, Merrill Lynch, Edward Jones y otras similares. Edward Jones me enseñó la psicología de la comunicación. De allí pasé a una agencia de corredores de descuento (TD Ameritrade, ahora Charles Schwab). En cuanto a mi crecimiento y aprendizaje, TD Ameritrade fue mi mejor trabajo, ya que llamaba a cien personas al día y acababa hablando con entre treinta y cincuenta de ellas. Esas conversaciones mejoraron mi coeficiente emocional, ya que no solo hablaba con miles de personas, sino que también escuchaba.

Cuando hablaba con la gente, mi curiosidad natural me llevaba a preguntarles cómo habían creado la riqueza que atesoraban, cuál era su formación, etc.

Este interés genuino significaba que a menudo hablaba con personas de gran éxito. A través de mis conversaciones, yo siempre tenía una pregunta latente: ¿cómo los ricos se hacían más ricos?

Además de sentir curiosidad por mis clientes, también prestaba atención a las diversas empresas financieras con las que trabajaba. ¿Cómo crecían? ¿Cómo atraían a los clientes? ¿Qué les gustaba a los clientes de cada empresa? ¿Qué podrían haber pasado por alto estas empresas a medida que crecían?

Observé que, a diferencia de mi padre, Honesto Abe, y de la forma en que yo decidí acercarme a mis clientes, la gente se felicitaba mutuamente y cerraba acuerdos, pero en realidad no se preocupaba por las personas que estaban detrás de esos acuerdos.

El entorno hacía que se cerrara un trato, se cobrase una comisión y se pasara al siguiente. Siempre me pareció un enfoque muy extraño, miope y poco ético en comparación con mi forma de verlo. Yo seguía en contacto con el cliente, mantenía esa relación, aunque ya me hubieran pagado por mi trabajo. A fin de cuentas, para mí eran personas. No eran signos de dólar, sino individuos con necesidades.

Solía competir con alguien de la oficina en la que trabajaba por ser el número uno del país. Había cientos de oficinas en todo EE. UU., más de mil asesores, y esta persona y yo nos alentábamos mutuamente para alcanzar el número uno y el número dos del país, codo con codo. Lo único que él veía eran las comisiones.

Mientras que yo solo veía personas.

Finalmente, me di cuenta de lo que siempre había sabido: podía ser el mejor sin dejar de preocuparme por las personas. Mi enfoque hacia los clientes se basaba en el compromiso de establecer relaciones a largo plazo. Ese primer año, tuve que trabajar tres o cuatro veces más que mis compañeros. Otros en la oficina hablaban con sus clientes una vez (la única llamada que necesitaban para asegurarse la comisión). Yo hablaba con los míos cada trimestre. Pero sabía que mi enfoque era el correcto.

Recuerdo que, cuando decidí seguir una trayectoria profesional más orientada a las relaciones personales, mis suegros fueron fundamentales al recomendarme que creara mi propia empresa. Creían en mi naturaleza honesta y veían lo duro que trabajaba. No todo el mundo puede ser un empresario de éxito: al principio puede resultar muy estresante, porque a menudo hay una falta de seguridad inicial. Algunos pueden carecer de orientación y ética de trabajo. Pero mis suegros vieron que yo tenía lo que hacía falta y me dijeron: «Siendo joven, no desperdicies toda tu energía en otras personas. Utiliza esa energía para construir tu propio legado». Esas sabias palabras se me han quedado grabadas, hasta el día de hoy, y también han resonado en mí por mis experiencias con empresarios y emprendedores de éxito.

Cuando fundé mi empresa, me di cuenta de que, en apariencia, Falcon Wealth Planning se dedicaría a la planificación patrimonial y que no tendríamos tanto éxito si no lográbamos los objetivos de nuestros clientes, e incluso más. Pero, en esencia, Falcon Wealth Planning se dedica a ayudar a las personas. Mi equipo y yo no somos vendedores agresivos. No promovemos planes de alto riesgo y alta rentabilidad. Al formar mi equipo, no solo busqué a los más brillantes, sino también a aquellos que tenían el deseo de ayudar al cliente, que los veían como personas, no como cuentas bancarias. Para trabajar con nosotros, hay que preocuparse por los demás. Eso está arraigado en mí y forma parte de la esencia cultural de nuestra empresa.

Quizás parte de esta preocupación por los demás proviene de ser el hijo mayor y tener que asumir un papel de liderazgo al fallecer mi padre cuando yo tenía 23 años. Tenía esa responsabilidad sobre los hombros y sabía que no podía defraudar a mi familia. De la misma manera, asumí de forma natural este papel en la vida de mis clientes, no solo porque me preocupaba de verdad por ellos, sino también porque me identificaba con sus experiencias y podía infundirles tranquilidad.

La gente suele decirme: «¿Cómo es que tienes tan buena memoria?» (cualquiera que me conozca y esté leyendo esto estará asintiendo y pensando «Sí que tiene memoria de elefante»). En realidad, cuando te preocupas por alguien o algo, tiendes a recordarlo, así de simple. Creo que lo que más ha contribuido a mi éxito es el interés por los demás.

También aprendí que se puede ser competitivo y preocuparse por los demás al mismo tiempo. Como competidor, solía estar entre el 1 % de entre los mejores, si no el número uno, en todos los trabajos que he tenido: TD Ameritrade, Wells Fargo, U.S. Bank... Sí, en casi todos los sitios en los que he trabajado. En Falcon, mi actual empresa, los informes de clasificación muestran que estamos fácilmente entre las diez primeras compañías del país en términos de crecimiento y en muchos otros parámetros; hemos estado entre los primeros como asesores financieros del año, en calidad de empresa de inversión del año, etc. Estoy orgulloso de mi equipo y de la filosofía que defendemos.[1]

Lo que me lleva, más o menos, a este libro y a mi apasionada razón para escribirlo (si piensas que es para ayudar a la gente, has acertado).

Cuando alguien acude a Falcon Wealth Planning para reunirse conmigo o con alguien de mi equipo, a menudo (pero no siempre) hay un acontecimiento desencadenante. Puede ser que esa persona esté planeando jubilarse, que esté lidiando con una muerte en la familia o que esté pasando por un divorcio. Quizás esté empezando un nuevo negocio; o esté vendiendo un negocio y trate de prepararse para esa transición. Por lo tanto, las personas acuden a nosotros en busca de ayuda y orientación cuando están pasando por un cambio y quieren asegurarse de que sus finanzas se adaptan a él.

También lo hacen porque no tienen el tiempo, la aptitud o la pasión para gestionar su cartera.

Están demasiado involucrados o tan centrados en amasar una fortuna que no disponen de tiempo para investigar todas las formas de in-

• • • • • • • • • • • • • • •

1. Los premios específicos son los siguientes: Premio RIA Intel (finalista, RIA del año, 2024); Falcon Wealth Planning; Premio RIA Intel (finalista, Asesor del Año, 2023, Gabriel Shahin, CFP®); Premio RIA Intel (finalista, RIA del año, menos de 1000 millones de dólares en activos bajo gestión, 2022, Falcon Wealth Planning); Premios Wealthies (finalista, CEO del Año, menos de 20 000 millones de dólares en activos bajo gestión, 2024, Gabriel Shahin, CFP®, CEO). Para obtener más información, visita https://www.falconwealthplanning.com/awards-recognition.

vertir, y mucho menos para hacerlo bien. La mayoría de las personas exitosas saben lo suficiente sobre dinero como para no ignorar que, si se dedicaran a estudiar todas las estrategias de inversión que garantizan que los ricos se hagan más ricos, podrían conseguirlo. Eso es lo único que hago. Esa es la diferencia crucial. Es mi pasión.

Algunos clientes no tienen ningún interés en intentar gestionar su patrimonio: prefieren hacer un crucero a Alaska o pasar cuatro meses al año en su casa de la playa. O quieren la libertad de centrarse en su próxima visión, su próxima empresa, su próxima idea. Hablaremos más sobre cómo los ricos saben lo que quieren en el capítulo 1. Por decirlo en términos sencillos: saben cuál es su motivo, su «porqué».

Cuando los clientes o posibles clientes se reúnen conmigo, a menudo les digo: «Te vas a jubilar una vez, quizás dos veces en tu vida. Yo me jubilé treinta veces solo el mes pasado». No es que la gente no pueda hacer lo que yo hago con años de estudio, pero ¿por qué lo harías si no eres como yo, alguien obsesionado con los números? Creo que es muy tranquilizador saber que he ayudado a más de cien mil personas a lo largo de los años y que Falcon gestiona más de mil millones de dólares en activos. Creo que no es diferente a asegurarse de que el cardiólogo que te va a hacer un baipás haya realizado miles de ellos, y no solo cien.

En última instancia, y lo que es más importante, aunque diría que la mayoría de las personas que se reúnen conmigo acaban trabajando conmigo, algunas no lo hacen. O no lo hacen de inmediato porque no están preparadas. Sin embargo, salen de mi oficina con una mejor comprensión de lo que supone la planificación financiera y patrimonial.

De hecho, muchas personas me han dicho: «La última persona con la que trabajé no me proporcionó toda esta información y conocimientos». Yo construyo el patrimonio de mis clientes y los llevo a la libertad financiera, y, si otro asesor no hace el tipo de preguntas que yo hago y no te dice las mismas cosas que yo, entonces tienes un asesor de inversiones, no un planificador financiero. ¿Por qué somos diferentes? Pues porque hacemos preguntas que demuestran que nos preocupamos, que comprendemos y que buscamos formas de ayudar a nuestros clientes en sus situaciones específicas, no solo para vender un producto.

Quienes salen de mi oficina conocen algunos de los secretos que comparto en este libro. Saben que hay una razón por la que los ricos se hacen más ricos. Estas personas saben cosas que tú no conoces. Ellos o sus asesores saben cómo crear riqueza y planificarla. A mí no me importa compartir mis conocimientos. No soy el Mago de Oz escondido detrás de una cortina, humo y espejos. Quiero que mis clientes tengan una base sólida de conocimientos.

Con el deseo de ayudar a las personas y compartir los conocimientos que he acumulado y mi pasión por la creación de riqueza, me propuse escribir una guía que abarcara desde lo más básico hasta lo más complejo, desde la inversión personal hasta la planificación de la sucesión. Quería ofrecer algunas de las ideas que había acumulado, desde aquellas primeras llamadas que hice al principio de mi carrera hasta las complejas técnicas que ahora utilizo para la planificación fiscal y la diversificación.

En estas páginas se encuentran los resultados de mi pasión por compartir mis conocimientos. Te invito a seguir leyendo y a descubrir los secretos de la planificación patrimonial: cómo los ricos se hacen más ricos.

CAPÍTULO 1
Los ricos saben lo que quieren

> " Los dos días más importantes de la vida son el día en que naces y el día en que descubres por qué.
>
> *atribuido a* MARK TWAIN

Sé que hay personas adineradas que quieren dinero para acumularlo. He conocido a algunas de ellas. Pienso en Scrooge McDuck (también conocido como Tío Gilito o Rico McPato), a quien literalmente le gustaba zambullirse y nadar en su dinero. Sin embargo, según mi experiencia, la mayoría de las personas solo quieren más.

¿Más de qué?

Más de lo que les apasiona. Más de su motivo, su «porqué». El dinero es simplemente un medio para ello, una herramienta, por así decirlo. Quieren pasar más tiempo con sus hijos y nietos, más tiempo en su segunda residencia. En lugar de dos viajes al año, quieren hacer cuatro a lugares exóticos para ver más mundo y compensar los años en los que no pudieron viajar debido a la crianza de los hijos y a su intensa carrera profesional. Si les gusta el golf, el buceo, la vela o el esquí, quieren más tiempo para disfrutar de esas pasiones y suficiente dinero para no tener que preocuparse por poder pagarlo. Tengo muchos clientes que son atletas profesionales con carreras exitosas y emocionantes y que, después de retirarse del deporte o vender su empresa, quieren saber que su dinero está bien cuidado y creciendo mientras persiguen su próximo «porqué». Si son filántropos, quieren poder hacer más por las causas a las que se dedican, para dejar un legado mayor. Si quieren jubilarse y dedicar su tiempo al voluntariado, buscan más tiempo y dinero para poder dar más de sí mismos.

Sin embargo, en general, he descubierto que el dinero es de signo neutro (hablaremos más sobre esto en el próximo capítulo). Nos da poder, para bien o para mal. Como he dicho, es una herramienta. Si alguien no es una buena persona, el dinero no la convierte en alguien decente. De hecho, a menudo tiende a ser aún más desagradable.

Si alguien es una buena persona, el dinero le da poder para seguir haciendo el bien. He visto (y ayudado) a innumerables personas adineradas a crear fundaciones, donar millones de dólares a causas benéficas y filantrópicas, ayudar a miembros de su familia, respaldar negocios, etc.

Y una cosa que he aprendido en mi carrera es que las finanzas personales son más que simples números. Las finanzas personales son más *personales* que *finanzas*. Mi trabajo, y el de mi equipo, es conocer el «porqué» personal de nuestros clientes.

También puedo asegurar que, cuando hablo con la gente sobre la jubilación, nadie dice: «Quiero reducir mi nivel de vida y no poder hacer todas las cosas que disfruto ahora». Aunque «más» no se refiera a viajes o coches de lujo, se trata de disfrutar más de la vida que se tiene, sin el estrés de las finanzas. Se trata de trabajar porque se quiere, no porque se tiene que hacer; en última instancia, tener el control es la verdadera libertad financiera.

Más adelante hablaremos de los emprendedores, de la planificación patrimonial y de la visión que deben tener en cuenta. Muchos de ellos sueñan con la gran compra o adquisición. He visto clientes que aceptan una enorme oferta y se van a disfrutar de la vida, viajar y dedicarse a sus aficiones. Pero también he visto a muchos otros que se toman un tiempo libre y, cuando surge una nueva idea u oportunidad emocionante, vuelven a ponerse a trabajar... porque les encanta.

Dado que la planificación de la jubilación es una de las mayores preocupaciones de las personas que acuden a mí, la primera idea que intento transmitirles es que comprendan que el dinero es una herramienta. Es tan solo el medio para disfrutar de la vida, por lo que hay que saber usar esa herramienta para que dure toda la vida. Aunque los expertos tienen gráficos que nos dicen todo tipo de cosas sobre nuestra vida —basándose en estadísticas—, no todos somos iguales.

Es probable que en tu vida no ocurra lo siguiente: empiezas a trabajar a los veinte, trabajas exactamente cuarenta años y mueres a los 85. Hay quienes vivirán mucho tiempo, sobre todo porque cada vez más personas se mantienen en forma y activas en la vejez. Por lo tanto, el dinero tiene que durar. La mayoría de quienes se jubilan quieren mantener o mejorar su nivel de vida. Cuando la gente acude a nosotros, a menudo es porque quiere asegurarse de que, si se jubila dentro de cinco, diez o más de veinte años, podrá seguir haciendo más de lo que le gusta.

Hay tantos escenarios como personas. Como alguien sociable, supongo que eso es parte de lo que me resulta tan gratificante de mi trabajo. Cuando los clientes acuden a mí y sus ojos se iluminan al hablar de sus sueños, mi inclinación natural es ayudarles a planificar para que puedan alcanzarlos.

La jubilación es diferente para cada uno. Por ejemplo, no es raro que trabaje con atletas profesionales que se retiran a los 35 años. Pero, a menos que hayan ahorrado el 85 % de sus ingresos durante sus años como deportistas, no podrán mantener su estilo de vida cuando ya no estén en la cima. A menudo les asesoramos sobre una segunda carrera profesional, ya sea como consultores o como conferenciantes motivacionales. Pero tienen una trayectoria de jubilación mucho más larga que la mayoría y un estilo de vida que muchos envidiarían, pero que han conseguido tras trabajar y sacrificarse toda su vida.

Para crear riqueza de forma inteligente y elaborar planes de legado para mis clientes, es útil conocer cuáles son sus sueños financieros: ¿cuál es su «porqué»? El tuyo puede ser que aún no estés preparado para planificar algunos de tus grandes porqués. Puede ser un sueño para dentro de veinte años, esa visión de una vida en la granja o un velero. ¿Sabes qué? Eso no importa, porque tienes uno. Saber cuál es te ayudará a ser disciplinado con el ahorro (más información al respecto en el próximo capítulo) y la planificación patrimonial. Es posible que pospongas algo de tu juego a corto plazo para jugar a largo plazo y perseguir ese sueño.

Tu inteligencia financiera

La mayoría de la gente conoce el coeficiente intelectual y la inteligencia emocional. Sin embargo, me gusta pensar en otra medida más: el coeficiente financiero o la inteligencia financiera.

Antes de pasar a los fundamentos de las finanzas, desde cómo sacar partido a las deudas hasta la magia del interés compuesto, debemos establecer un principio básico que conocen los ricos más hábiles.

Ahorramos.

Tu inteligencia financiera —estás llegando al porqué; estás aprendiendo los secretos de cómo los ricos se hacen más ricos— comienza con esa sencilla máxima de filosofía. En el próximo capítulo, hablaremos sobre cómo ser disciplinado con el ahorro. Probablemente debería haber titulado el libro *Cómo los ricos inteligentes se hacen más ricos*, pero no habría resultado tan atractivo. Además, no todas las personas ricas toman decisiones inteligentes en materia de planificación patrimonial. De hecho, esa es a menudo la razón por la que me contratan: necesitan a alguien que viva y respire finanzas y planificación patrimonial. Así que echemos un vistazo rápido a las categorías de ricos mientras desarrollamos nuestro coeficiente de inteligencia financiera (pista: todos queremos ser ricos inteligentes).

Ricos falsos

Son los *influencers*. Llenan las redes sociales de ostentosas muestras de riqueza: coches de lujo (probablemente alquilados o prestados) y ropa de diseño (a menudo ocultan las etiquetas para poder devolverla o se trata de imitaciones). Hay poca sustancia. Su porqué son los «me gusta».

De riqueza inminente (personas con altos ingresos, pero aún no ricas)

Estas personas están comenzando a desarrollar su carrera. Obtienen excelentes ingresos y ahora es el momento de pensar a largo plazo y comenzar a ahorrar e invertir.

Lo conseguirán si son inteligentes (¡y siguen mis consejos!). Utilizando un ejemplo común en mi empresa, se trata de personas que podrían estar ganando más de 220 000 dólares al año con un cónyuge que gana 175 000 dólares (unos 400 000 dólares al año en total). Es posible que tengan una hipoteca de 10 000 dólares al mes. Después de los gastos, les sobran otros 10 000. Podríamos decir que son muy ricos según muchos estándares. Aunque la pareja utiliza parte de sus ingresos para invertir, aún no han acumulado una gran cantidad de ahorros. Muchas personas que ganan mucho dinero, como estos jóvenes, se consideran personas con altos ingresos, pero aún no ricas. No son superricos, pero tienen un flujo de caja sólido y estabilidad, lo cual es importante. Lo conseguirán con disciplina y desarrollando una sólida inteligencia financiera.

Ricos moderados

Los ricos moderados pueden permitirse hacer lo que quieren y tienen una sólida base de activos. No pueden jubilarse, pero ven que estarán bien en el futuro, a diferencia del 56 % de los estadounidenses, que, según una encuesta reciente de la CNBC, afirman que no se ven en condiciones de jubilarse cómodamente.[2] Estos ricos moderados, al menos los que vienen a verme, ya están pensando a largo plazo.

• • • • • • • • • • • • • •

2. Kamaron McNair, «56% of Americans Say They're Not on Track to Comfortably Retire—How to Catch Up», 8 de septiembre de 2023, https://www.cnbc.

Estas son las personas que acaban de superar la etapa anterior, la de la riqueza inminente. Ahora pueden tener unos ingresos de siete cifras. Podrían comprarse ese coche que tanto les gusta. Son personas que pueden permitirse viajes exóticos. Sin embargo, si continúan con su estilo de vida, no tendrán seguridad financiera, al menos que inviertan. Podrían tomarse unas vacaciones de 30 000 dólares dos veces al año, pero necesitarán ahorrar mucho más para hacerlo si reducen su actividad profesional. Por no hablar de todas las demás ventajas del estilo de vida del que disfrutan en la actualidad.

Ricos estúpidos

Ah, los ricos estúpidos. Podrían jubilarse si tuvieran una «vida normal» y comprarse casi todo lo que quisieran. Pero viven muy por encima de sus posibilidades. Son conocidos por no tener nunca suficiente. Son personas que compran coches llamativos, ropa cara, relojes y aviones. Sabes que son ricos porque se aseguran de que lo sepas. Sin duda, ahora pueden permitirse todo eso, pero no podrían permitirse este estilo de vida a largo plazo si sus ingresos disminuyeran o si se jubilaran (pero, créeme, no les gusta pensar en eso).

Podrían tener un estilo de vida muy agradable, una casa cara y coches bonitos. Pero, en lugar de eso, tienen un coche de superlujo y no piensan en las consecuencias a largo plazo. Son las personas que compran un jersey a 1500 dólares y un bolso a 10 000. Necesitan ese reloj de lujo que cuesta cientos de miles de dólares. Los ricos estúpidos suelen ser personas que se arruinarán si no tienen cuidado; mucha gente tiende a aprovecharse de ellos, ya que están acostumbrados a perseguir y recibir lo que quieren.

Los ricos con un patrimonio neto ultraalto, también conocidos como ricos inteligentes

Estas personas trabajan porque quieren, no porque tengan que hacerlo. Pueden gastar en lo que quieran. Disfrutan de su riqueza (¡o al menos

———
com/2023/09/08/56percent-of-americans-say-theyre-not-on-track-to-comfortably retire.html.

eso espero!), pero siguen trabajando y construyendo su imperio y legado. Según mi experiencia, estas son la mayoría de las personas ricas que conozco y con las que trabajo. Nadie sabe realmente que son ricos o que tienen un patrimonio neto tan elevado. Gastan sin darle importancia. Piensan a largo plazo y tratan de inculcar buenos hábitos para ellos mismos y su legado futuro. Respetan el dinero y entienden que es una herramienta para generar cambios e influir en el mundo.

Los ricos de élite

Pueden tener yates, coches de lujo y muchas casas, y pueden permitírselo. Son los ricos que no tienen que demostrar nada a nadie. Las personas más ricas del mundo suelen vivir por debajo de sus posibilidades. Warren Buffett es un buen ejemplo de ello. Más que nada, valoran el tiempo.

Daré un ejemplo típico. Tengo clientes con aviones privados. En su caso, los aviones no son símbolos de estatus. No lo mencionan. Para ellos, representan tiempo. Un ejecutivo ocupado que intenta equilibrar la vida familiar con su exitosa carrera profesional, sin duda, aprecia unas horas extra en cada viaje de negocios gracias a volar en *jet* privado y poder seguir despertándose junto a su pareja e hijos.

También entienden que el tiempo es dinero. Todos crecemos diciendo que el tiempo es dinero, pero, por mucho dinero que tengas, nunca podrás comprar tiempo. Sin embargo, hasta cierto punto, puedes hacerlo contratando empleados, asistentes y profesionales como asesores fiscales y financieros, planificadores y abogados. Cuando empecé a ganar más de veinticinco dólares la hora, dejé de cambiar yo mismo el aceite del coche, tras haber hecho un riguroso análisis de costes-beneficio. Estas personas también saben que nunca sobrevivirán a su dinero.

Por lo tanto, piensan en lo que su dinero puede hacer después de que pasen a mejor vida, durante la vida de sus hijos, sus nietos, etc. Son familias que dejan legados de cientos de millones para apoyar labores de filantropía y que dedican parte de su patrimonio a marcar la diferencia. También entienden cómo puede mejorar su propia vida y la de los demás, ya sea ahorrando tiempo o ayudando a otros.

Conclusión

Aunque esta lista no es exhaustiva, espero que te haga reflexionar. Si tu objetivo es acumular riqueza, es importante que pienses en cómo quieres utilizarla. ¿Cuál será tu relación con la riqueza?

Esa es la última pieza de nuestro análisis de tu coeficiente financiero.

¿Cuál es tu relación con el dinero? Para algunos, el dinero puede provocarles ansiedad, tal vez porque crecieron en un entorno de inestabilidad financiera. Otros pueden sentir estrés: demasiadas facturas, sueldo insuficiente. Conozco a personas que heredaron una gran fortuna y se sentían casi avergonzadas por ello.

Una de las ventajas de trabajar con un profesional es que no tengo ese apego emocional. Mis decisiones no se basan en sentimientos, sino en hechos. Sin embargo, tengo la empatía necesaria para preocuparme por cómo se sienten mis clientes. Saber que parte de tu coeficiente financiero personal puede estar más basado en las emociones es importante para comprender que, para crear riqueza, el dinero es esa herramienta neutra de la que hablé anteriormente.

Ahora que hemos explorado cómo los ricos entienden su «porqué», pasaremos al que quizás sea el principio más esencial de todos: la magia del ahorro.

CAPÍTULO 2

Los ricos crean buenos hábitos financieros

"El futuro ya no es lo que solía ser.

YOGI BERRA

Mientras trabajaba como banquero en Wells Fargo durante la universidad, ayudaba a las personas a entablar sus primeras relaciones con el banco. Era un enfoque mucho más personalizado que el que la mayoría de la gente experimenta hoy en día con los bancos. Me considero afortunado por haber podido hablar e interactuar con tantos clientes, cada uno con una historia financiera y unos objetivos únicos. Probablemente me reuní con entre treinta y cincuenta personas al día durante casi cinco años. Si prestas bastante atención, trabajando en un banco aprendes mucho sobre los seres humanos y su relación con el dinero.

Desde entonces, solo he profundizado en mi comprensión de la relación que cada uno tiene con su dinero, cómo lo ahorramos y lo gastamos.

Las personas tienen una relación emocional con su dinero

Algo que noté al principio de mi carrera fue que la gente se alteraba mucho por los supuestos errores en sus cuentas, a pesar de que rara vez eran culpa del banco. Después de años en mi trabajo, sabía que, al final, descubriríamos el error del cliente. Sin embargo, siempre dejaba que él o ella hablara primero. Estaban emocionados, alterados. Luego siempre llegaba ese momento culminante en el que finalmente se daban cuenta de que el banco tenía razón y ellos estaban equivocados. En ese momento, la emoción se desvanecía, un poco como un pequeño pinchazo en un globo.

Agradezco haberme dado cuenta a una edad temprana de que, si iniciaba la conversación con un «Creo que usted está equivocado», aunque acertara, no acabaría bien. La gente se alteraba con el dinero. He aquí algunas de estas emociones asociadas al dinero:

◆ Escasez/miedo a perderlo
◆ Codicia
◆ Ansiedad
◆ Vergüenza
◆ Culpa

Por ejemplo, un artículo publicado en *Psychology Today* citaba la «aversión a la pérdida» en relación con el dinero.[3] Según este artículo, los participantes en un estudio tenían más miedo de perder 100 dólares que ilusión por la posibilidad de ganar la misma cantidad. Este es un ejemplo perfecto de una mentalidad basada en el miedo o la escasez.

Todo el sector de los seguros se basa en la compra de tranquilidad a partir de los miedos que todos tenemos. Tememos enfermar y no poder pagar los gastos médicos; tememos no poder trabajar y no poder pagar la hipoteca y los gastos de manutención. Tememos que muera un ser querido y no poder seguir llevando el estilo de vida que compartíamos tras la pérdida de ingresos y de nuestra pareja. Son miedos razonables. Es poco probable que alguno de nosotros sea atropellado por un autobús, aunque a veces ocurre. No contratamos un seguro tan solo para evitar «ser atropellados por un autobús». Pues hay otros miedos contra los que queremos protegernos. Hablaremos de los seguros en detalle en el capítulo 8. Por ahora, basta con saber que los expertos en el sector de los seguros tratan de calmar nuestras preocupaciones con pólizas.

En el mismo sentido, una mentalidad de escasez se centra en lo que falta. Por ejemplo, una mentalidad de escasez con respecto a la dieta significaría concentrarse en todas las cosas que no se pueden tomar (dulces, refrescos, etc.) en lugar de en las que sí (verdura, fruta fresca, mucha agua). Una mentalidad de escasez con respecto al dinero es el miedo a no tener suficiente y a que quizás nunca se tenga «suficiente» (sea cual sea la definición que le des).

He tenido clientes extremadamente ricos con carteras diversificadas y amplias propiedades inmobiliarias que viven bien, pero con cierta modestia, que nunca tendrán que preocuparse por el dinero durante el resto de su vida y, aun así, siguen teniendo una mentalidad de escasez. A veces, se trata de clientes cuyos padres vivieron la época de la Gran Depresión, por ejemplo. En varios casos, han experimentado la quiebra o el fracaso en su camino hacia el éxito, por lo que esos momentos difíciles influyen en su forma de pensar.

A veces, una mentalidad de escasez puede conducir a la codicia (esa idea de acumular para los malos tiempos), pero estas personas pue-

• • • • • • • • • • • • • •

3. Max Alberhasky, «How Emotions Impact Your Financial Decisions», *Psychology Today,* 25 de marzo de 2024, https://www.psychologytoday.com/us/blog/psychology-money-and-happiness/202403/how-emotions-impact-your-financial-decisions.

den no dejar nunca de acumular. De hecho, acumular se convierte en un fin en sí mismo (y, en casos extremos, incluso en una obsesión).

Otras emociones comunes relacionadas con el dinero son la vergüenza y la culpa. He tenido clientes criados por padres que desconfiaban de las personas ricas o personas que creen sinceramente que el dinero es la raíz de todos los males. De hecho, esa mentalidad se deriva directamente de este versículo de la Biblia:

«Porque la raíz de todos los males es el amor al dinero, el cual codiciando algunos, se extraviaron de la fe, y fueron traspasados de muchos dolores» (1 Timoteo 6:10). El dinero no es la raíz del mal, sino el amor al dinero. El dinero en sí mismo es neutral. Como asesor financiero que ha trabajado con dinero durante toda su carrera, lo considero una herramienta. En sí mismo, es emocional y éticamente neutral. Sin duda, la forma en que las personas lo obtienen puede ser poco ética. Pero el dinero en sí mismo no es ni bueno ni malo. Lo que el versículo anterior deja claro es que, si valoras el dinero por encima de todas las demás cosas, es posible que te encuentres tomando decisiones cuestionables y «persiguiendo el mal».

También conozco a personas que han heredado una gran cantidad de dinero, lo que puede conllevar un sentimiento de culpa. Pero escribí deliberadamente el capítulo 1 para que reflexionaras sobre tu «porqué». Creo que muchos de estos sentimientos emocionales sobre el dinero se alivian cuando acumularlo tiene un propósito para ti, un camino para lograr más de tu «porqué». De hecho, muchos de nuestros clientes crean fideicomisos y fundaciones para sus iniciativas filantrópicas: utilizan el dinero que han heredado para contribuir a causas que les apasionan.

Otro ejemplo de vergüenza financiera es mi experiencia de ir a un mercadillo con mi madre cuando era niño. En nuestra juventud, veía a mi madre regatear y, francamente, era bastante agresiva en su estilo de negociación. Aprendí mucho de ella (aunque en ese momento no lo sabía). Lo que al principio era vergonzoso se convirtió en una lección sobre habilidades financieras esenciales, algo por lo que la respeto. Por otro lado, mi hermana mayor, que nos acompañaba a los mercadillos, evita regatear porque odia esos recuerdos de mi madre. Aunque reconoce que saber hacerlo puede ser una habilidad útil, de niña se sentía avergonzada y esa emoción la ha acompañado hasta la edad adulta. Comprender de dónde adquirimos nuestra actitud hacia el dinero es el primer paso para tomar el control de nuestra propia narrativa en lo que respecta a nuestras finanzas.

Disciplina

Este capítulo comenzó abordando las emociones relacionadas con el dinero. Pero hay otra cara de la moneda: el control emocional. Cuando las emociones que sentimos nos controlan, es como si los monos estuvieran a cargo del circo. En cambio, cuando logramos el control emocional, tenemos asimismo control financiero.

Entiendo este concepto como «ser disciplinado».

Las personas exitosas, en general, son disciplinadas. No me importa cuál sea su profesión. Los que están en la cima no llegan allí por casualidad (o, si lo hacen, no se mantendrán sin disciplina). Los que tienen éxito saben cómo hacer las cosas y entienden que la constancia y los hábitos inteligentes les ayudarán a mantenerse en esa posición.

Como ya he comentado, es probable que hoy me diagnosticaran TDAH, al igual que a muchos de los empresarios y líderes que conozco. Cuando estoy concentrado, tengo una capacidad especial para enfocarme y realizar múltiples tareas. Soy consciente de mis facultades en ese sentido.

Me siento afortunado de que mis experiencias juveniles también me enseñaran disciplina, otra gran habilidad. Hubo momentos en los que deseaba estar jugando a algún deporte con mis amigos en lugar de trabajando en la tienda de mi padre. Luego, cuando trabajaba en el banco, pude observar de cerca los hábitos financieros que comparto en este libro.

Comprender de dónde nos viene la actitud que mostramos hacia el dinero es el primer paso para tomar el control de nuestra propia narrativa en lo que respecta a las finanzas.

Mi propia historia de disciplina se basa en mis experiencias personales. Recuerdo que, cuando era adolescente, quería que mi primer vehículo fuera una *pickup* nueva y radiante. Pero lo único que podía permitirme fue una tartana con puertas que no funcionaban muy bien y un sistema de aire acondicionado que solo echaba aire caliente (vivía en el caluroso Arizona).

Mis padres me regalaron ese coche, con el que empecé a conducir. Era un Toyota Camry de 1990 con solo tres puertas. Pero me había salido gratis (¡el mejor precio posible!). Mis amigos y yo bromeábamos y lo llamábamos el Bentley de tres puertas.

Pero lo que me faltaba en términos de presupuesto lo compensaba con disciplina. Mientras conducía (y sudaba bajo el calor del verano) mi coche sin aire acondicionado, apartaba dinero de cada paga, todo lo que podía permitirme. No gastaba dinero en entradas para eventos deportivos ni iba al cine muy a menudo. Mientras lo hacía, sabía que estaba ahorrando para mi objetivo. Pegué una foto del vehículo que quería encima de mi escritorio en el trabajo. Intenté mantener la vista puesta en el premio, además de seguir con mis estudios, la escuela, los amigos, los deportes, etc. Finalmente, como un mes después de graduarme en el instituto, acabé comprando una *pickup* que tenía diez años. Era vieja, pero este tipo de vehículos duran para siempre.

El coche era una belleza. A mis amigos y a mí nos encantaba y recuerdo sentirme muy orgulloso (y agradecido por el aire acondicionado bien frío que salía). Una de las razones era obvia, sobre todo teniendo en cuenta lo joven que yo era: conducía una *pickup* que me encantaba. Pero la razón principal era que me sentía orgulloso de poder decir que me la había comprado por mis propios medios. No estoy seguro de si entonces me daba cuenta, pero pude comprarla gracias a mi disciplina y a mi visión a largo plazo.

Luego, cerca de un año y medio después —por entonces acababa de cumplir 20 años—, seguía trabajando en el banco y vi venir el cambio económico tras el colapso tecnológico. Seguía obsesionado con el dinero y las finanzas: leía todo lo que podía, estudiaba y observaba con mucha atención. Tenía el dinero para la graduación y fui lo bastante disciplinado como para no gastármelo. Seguí ahorrando todo lo que podía e, incluso después de haberme comprado la *pickup*, tenía unos 20 000 dólares en la cuenta.

Invertí pronto y aprendí que invertir puede dar sus frutos. Lo hice en Wheaton Precious Metals, que se convirtió en Gold Corp, lo que me reportó diez veces mi inversión. Aprendí que también hay riesgos, ya que perdí dinero con Taser, una empresa de mi ciudad natal (donde se esfumó el 70 % de lo invertido). Hablaré más sobre la inversión y el riesgo que supone más adelante.

Me di cuenta cuando aún era muy joven de que podía permitirme una casa. Tenía el dinero de la graduación. Tenía el dinero de la beca que me habían concedido y un trabajo decente en el que ganaba unos quince dólares la hora.

Empecé a buscar casas y encontré una por 165 000 dólares. Exigían un 10 % de entrada. Al final, utilicé la mayor parte de mis ahorros para pagar la entrada. Preví cómo financiarla de manera que no tuviera que pagar un seguro hipotecario privado, lo cual, en esa inversión, era muy importante para mí como estrategia financiera sólida.

Me convertí en propietario a los 20 años y 2 meses. No puedo creer que mis padres me dejaran comprar una casa y mudarme tan joven. En retrospectiva, solo habían pasado doce años desde que mis padres habían podido permitirse comprar su primera vivienda, algo de lo que me di cuenta cuando estaba escribiendo este libro. Y estoy convencido de que lo logré porque había estudiado cómo los ricos se hacen más ricos y había asimilado ese conocimiento.

Saber dónde va cada dólar

Quizás porque trabajaba en un banco o porque mi padre falleció prematuramente y me vi obligado a asumir ciertas responsabilidades, desde muy joven comprendí que ahorrar era importante. También me di cuenta de que los muy ricos tenían un profundo conocimiento de su situación financiera, no eran avestruces que escondían la cabeza bajo la tierra a la primera de cambio.

Pero no todo el mundo es así.

Aunque por lo general no establezco presupuestos cerrados para mis clientes, no puedo decir que nunca lo haya hecho. Mis clientes y yo hablamos a menudo de la importancia de saber en qué se gasta el dinero. Conozco a nuevos clientes que ganan sueldos muy altos, pero que al final de cada mes no cumplen sus objetivos financieros porque se encuentran con algo brillante y llamativo que sienten que deben tener (una pista: los ricos inteligentes entienden el principio de la «gratificación diferida»). Para comprender en qué se gasta el dinero hay que empezar por las necesidades, es decir, los gastos no discrecionales. Estos son innegociables, como el alquiler o la hipoteca, los gastos del hogar, etc. A la mayoría de las personas la cuantía no les llega por sorpresa, ya que las cifras son constantes mes tras mes. Sin embargo, cuando empiezan a analizar en profundidad sus gastos discrecionales... ¡es cuando llegan las sorpresas!

Los gastos discrecionales incluyen cosas como salir a cenar, ocio, ropa y todo lo demás. Sin embargo, volviendo a las emociones vinculadas con el dinero, algunas personas consideran esenciales determinados gastos, como que sus hijos participen en deportes de equipo, la matrícula de una escuela privada o un pasatiempo que puede que sea excelente para el cuidado personal, pero no tanto para el bolsillo. La ropa de diseño y los cortes de pelo caros pueden parecer «necesarios» en ciertas profesiones, como en el sector de las ventas. Sea cual sea el gasto, puede parecer muy importante para algunas personas. Pero es fundamental comprender lo que implica *discrecional*.

Una vez que puedas dar cuenta de cada céntimo gastado, entonces podrás elaborar un presupuesto. No hay camino hacia la creación de riqueza y libertad financiera si no se comienza con este elemento esencial: una mentalidad de ahorro que dé cuenta de cada dólar o euro gastado.

A menudo cuento este chiste. Imagina que tienes cien hijos. Si vas de excursión al museo y pierdes a uno de ellos en la exposición de dinosaurios, es un gran problema y todo el mundo irá corriendo por ahí buscando al pequeño Billy junto al *Tyrannosaurus rex*. ¡No puedes perder a un niño! Obviamente, un niño es mucho más valioso que un dólar. Si tienes cien dólares y pierdes uno aquí o allá por compras impulsivas, no te alarmarás. Pero los ricos entienden que hay que llevar un control de dónde va el dinero para identificar un patrón de ahorro y gasto.

Otra metáfora que utilizo para ayudar a mis clientes a comprender la importancia de llevar un control de los gastos es imaginar que tienen una baraja estándar, la de cincuenta y dos cartas. Si pierdes una carta, afectará al juego y tus compañeros de partida no estarán contentos.

Tengo clientes cuyos gastos en el hogar y estilo de vida pueden ascender a un millón de dólares al mes. Pero los ricos entienden que hay que llevar un control de dónde va el dinero para identificar un patrón de ahorro y gasto.

Querer que el dinero trabaje para ti

A lo largo de los años, he tenido muchos clientes nuevos con enormes cuentas de ahorro, dinero que estaba inactivo y no les reportaba ningún beneficio. Una vez más, la mentalidad de escasez que hemos comentado anteriormente puede llevar a algunos a sentir una necesidad casi compulsiva de ver un abultado extracto bancario, con muchos ceros y con el dinero depositado en una cuenta de ahorro que genera pocos o ningún interés.

Hay un dicho que me gusta mucho: «El dinero ocioso es dinero muerto».

Warren Buffett, el «Oráculo de Omaha», siempre ha sabido, desde su más tierna juventud hasta ahora, en la cima de una riqueza que pocos pueden siquiera imaginar, que el dinero tiene que trabajar para uno. La historia de su infancia (ya legendaria) cuenta que, desde repartir periódicos hasta montar un negocio de máquinas de *pinball* y comprar tierras de cultivo antes de poder conducir legalmente, Buffett siempre se esforzó mucho (él lo llamaba «bailar claqué»).[4] Y, lo que es más importante, siempre hizo que su dinero trabajara para él.

De adolescente, aprendió y comprendió que siempre hay que poner el dinero a trabajar para uno.

Lo más fácil y que conllevaba menos actividad de todo lo que vio fue el mercado de valores. Hablaremos de la inversión en el capítulo 5, pero por ahora basta con decir que, una vez que tengas un fondo de emergencia y un colchón de ahorros adecuado, será el momento de invertir. Dejar tu dinero en una cuenta de ahorros no es mucho mejor que guardarlo debajo del colchón (excepto que ese dinero bajo el colchón podría perderse con algo más de facilidad que en una cuenta bancaria).

También abordaremos la «magia» del interés compuesto en nuestro capítulo sobre inversiones.

Respetar el dinero

Cuando menciono este principio, la gente a veces me mira un poco desconcertada. ¿Qué quiero decir con eso? Desde muy temprano me di cuenta de que las personas ricas e inteligentes respetan el dinero.

Básicamente, en calidad de planificador financiero, considero que parte de mi trabajo consiste en crear riqueza para mis clientes a lo largo de toda su vida. Mientras hacemos la planificación, una cosa que les digo a quienes tienen patrimonios sujetos a impuestos es que, en lo que respecta a sus activos, pueden dejar dinero a sus herederos, a organiza-

• • • • • • • • • • • • • •

4. Shawn Langlois, «From $6,000 to $73 Billion: Warren Buffett's Wealth Through the Ages», Market Watch, 6 de enero de 2017, https://www.marketwatch.com/story/from-6000-to-67-billion-warren-buffetts-wealth-through-the-ages-2015-08-17.

ciones benéficas o al Estado. Haz la pregunta y nadie dirá jamás: «Sí, por favor, quiero legar la mayor parte de mi patrimonio al Estado».

En ocasiones se lee sobre la muerte (a menudo trágica) de estrellas de rock y otros cantantes, actores y atletas adinerados. Hay innumerables famosos que han fallecido jóvenes, o incluso no tan jóvenes, pero que no hicieron ninguna planificación patrimonial.

La herencia de Prince tardó seis años en resolverse.[5] Los herederos de Jimi Hendrix se disputaron su legado durante tres décadas.[6] La herencia de Pablo Picasso era tan complicada que las disputas se prolongaron durante años.[7] Los abogados pueden ganar millones, incluso muchos, resolviendo estos líos.

Sin embargo, no es habitual leer sobre este tipo de enredos legales en el caso de los CEO. Los de las empresas de la lista Fortune 500 suelen ser personas que han estudiado y continuado su formación, a menudo hasta los 30 años. Han sido disciplinados y han trabajado muy duro para ganar dinero, posponiendo la gratificación para alcanzar la cima en su carrera.

Por lo tanto, respetan el dinero. No han conseguido de repente un contrato discográfico o deportivo multimillonario y han empezado a gastar el dinero como si creciera en los árboles. Para ser justos, los músicos suelen trabajar en su oficio durante años y años. Muy a menudo no alcanzan el éxito de la noche a la mañana. Los atletas también deben ser muy disciplinados con su entrenamiento. Pero sigue siendo un proceso diferente en cuanto a cómo estas celebridades acumulan riqueza y, de hecho, el estereotipo de los nuevos ricos que se arruinan existe por una razón. En el extremo opuesto del espectro, los ejecutivos y los profesionales respetan el dinero, lo valoran y hacen planes con él, no solo para ellos mismos, sino también para el legado que pretenden dejar.

· · · · · · · · · · · · · · ·

5. Marianne Garvey, «Prince's estate is finally settled after a 6-year battle», CNN, 3 de agosto de 2022, https://www.cnn.com/2022/08/03/entertainment/prince-estate-settled/ index.html.
6. Sherrie Johnson, «12 Celebrities Who Died Without a Will — And Their Disputes», Cake, 27 de mayo de 2020, https://www.joincake.com/blog/famous-people-who-died-without-a-will/.
7. Milton Esterow, «The Battle for Picasso's Multi-Billion-Dollar Empire», Vanity Fair, 7 de marzo de 2016, https://www.vanityfair.com/culture/2016/03/picasso-multi-billion-dollar-empire-battle.

Mis clientes médicos sienten el mismo respeto por el dinero. Estudiaron durante años por un sueño y con un objetivo en mente y luego continuaron con becas y formación adicional (son personas que aprenden durante toda la vida, al igual que la mayoría de mis clientes de mayor éxito). A menudo, aunque estos médicos viven en una casa preciosa y tienen un estilo de vida muy agradable, también reinvierten en sus propias clínicas, hospitales o empresas biomédicas con el objetivo no solo de ayudar a las personas a curarse, sino también de acumular riqueza para hacer más (tal y como comentamos en el capítulo 1).

Es el «efecto lotería» frente al respeto por el dinero. Y sí, los ganadores de la lotería realmente se arruinan en un porcentaje bastante alto.[8] A veces, quienes reciben una herencia tienen la misma falta de respeto por el dinero y prefieren gastarlo antes que administrarlo o cuidarlo.

De hecho, ofrezco dos consejos a mis clientes que van a dejar una fortuna considerable a sus herederos. El primero es que pueden permitirse enviar a sus hijos a cualquier universidad que deseen; sugiero a mis clientes que paguen dos tercios del coste e insistan en que sus hijos paguen el tercio restante. Eso obligará a los herederos a trabajar duro, buscar un trabajo de verano, controlar los gastos y aprender a respetar el dinero. Siempre pueden pagarlo más tarde si lo desean.

Mi otra sugerencia es que, cuando tus hijos se gradúen, en lugar de incorporarlos inmediatamente al negocio familiar, envíalos a trabajar a otra empresa durante tres, cuatro o cinco años para que adquieran otras perspectivas e ideas. De este modo, aprenderán a respetar tanto el dinero como el trabajo duro, pero además volverán a la empresa con perspectivas interesantes para mejorar el negocio principal.

He visto surgir esta cuestión del respeto por el dinero incluso cuando los propietarios de empresas consiguen hacerse con un importe que pocos pueden imaginar. De repente, ganan 100 millones de dólares, por ejemplo. Se produce una oleada de emociones, ¡como si estuvieran ebrios de dinero! Suele ocurrir una de dos cosas: o bien gastan, gastan y gastan, o bien se sientan con su planificador financiero y deciden qué quieren hacer realmente con ese dinero.

• • • • • • • • • • • • • •

8. Abigail Johnson Hess, «Here's why lottery winners go broke», CNBC, 25 de agosto de 2017, https://www.cnbc.com/2017/08/25/heres-why-lottery-winners-go-broke.html.

Conclusión

Los ricos entienden que desarrollar buenos hábitos financieros es esencial para construir y mantener la riqueza. Mientras que muchas personas tienen una relación emocional compleja con el dinero, desde el miedo y la ansiedad hasta la vergüenza y la culpa, los ricos han aprendido a ver el dinero como una herramienta neutral que puede trabajar para ellos a través del ahorro disciplinado, el seguimiento de los gastos y el respeto.

A través de buenos hábitos, cualquiera puede empezar a desarrollar la mentalidad que ayuda a los ricos a hacerse más ricos.

Ahora centrémonos en una de las decisiones más importantes que se tomarán en el momento de crear riqueza: encontrar el tipo de socio adecuado.

CAPÍTULO 3
Los ricos eligen a un buen asesor

> **"**La mejor manera de ahorrar dinero es no gastarlo.
>
> *atribuido a* MARK TWAIN

Cuando tenemos los socios adecuados en la vida, las posibilidades son infinitas.

Esto es así tanto si se trata de un cónyuge o pareja sentimental como de un socio comercial o financiero. Sé que no habría podido llevar Falcon Wealth Planning a las cotas en las que se encuentra ahora sin mi arma secreta: mi esposa. En la introducción, escribí que tenía una dirección y una sólida ética de trabajo, y que ambas me guiaban en las empresas para las que trabajaba, como muchos jóvenes ambiciosos. Fueron mis suegros quienes me aconsejaron que aprovechara esa energía juvenil, esa pasión, ese entusiasmo y esa orientación y los aplicara a mi propia empresa.

Sophia estuvo a mi lado desde el principio. Hoy en día es una de las directoras de Falcon Wealth y dirige el compromiso de quienes forman parte de la compañía. Ha hecho sacrificios por los objetivos que perseguimos. Los dos lo hemos hecho. Cuando se crea una empresa, no todo el mundo habla de cuán exigente es. Ya sea el viajero incansable que recorre el país en avión visitando a clientes, el genio de la tecnología que escribe código para una nueva empresa emergente siete días a la semana o el chef o propietario de un restaurante que trabaja horas y horas, sin descanso, en la cocina, fundar una empresa no es para quienes no tienen el impulso y la pasión para esforzarse durante los primeros años.

Por eso es tan importante contar con el socio —y el equipo— adecuados a tu lado.

Todos los que me conocen bien saben la historia de cómo por poco no me pierdo el nacimiento de mi primer hijo porque estaba en una reunión. Sorprendentemente, mi esposa no me mató.

Fundé Falcon Wealth Planning el 5 de marzo de 2015 y, en la mañana del 18 de julio, mi esposa comenzó a tener contracciones. Pero Sophia me dijo que me fuera a trabajar, me aseguró que estaba bien y que aún tardaría porque las contracciones eran muy espaciadas. Ella misma es médica, así que ¿quién soy yo para discutir?

Trabajé todo el día y, como estaba de reunión en reunión, ni siquiera me di cuenta de que tenía el teléfono en modo «no molestar». *Spoiler*: mi asistente llamó a la puerta de mi oficina en medio de una reunión con unos clientes potenciales y me dijo que era mejor que me fuera a casa, y que lo hiciera rápido. Terminé la reunión (se convirtieron en clientes y luego en buenos amigos) y me dirigí a casa, donde encontré a Sophia en el suelo con dolores, lista para ir al hospital. Por desgracia, tuvimos que lidiar nada más y nada menos que con el tráfico de la hora punta de Los Ángeles.

Tuvimos una niña preciosa y sana (y, afortunadamente, en el hospital y no en el coche, en medio del atasco).

Pero lo más sorprendente de esta historia (aparte del maravilloso milagro de traer un bebé al mundo y crear una familia) fue que Sophia y yo éramos y somos un equipo. Ella nunca me ha hecho pasar un mal rato porque ha creído en mí, en cada paso del camino. Aporta mucho a la vida como pareja y a la empresa como compañera de equipo.

Los ricos saben que necesitan un buen asesor

A veces puedo parecer un ordenador humano cuando empiezo a hablar de finanzas. Supongo que es por defecto profesional. A veces veo que a la gente se le abren los ojos, cuando calculo números de cabeza o explico los detalles de complicadas estrategias de planificación patrimonial de una manera que todo el mundo pueda entender.

Cada uno de nosotros tiene sus talentos y áreas de especialización.

Cuando el mejor abogado del país se mete en problemas, ¿qué hace? Contrata a otro abogado. Nunca se representa a sí mismo. Cuando el hijo de un cirujano necesita una operación, rara vez la realiza el padre. Normalmente, cuenta con otro cirujano de su confianza para que haga la intervención. Es demasiado emotivo para él, está demasiado involucrado.

Los ricos saben que deben unirse a un buen socio financiero cuando se trata de la gestión patrimonial. Necesitan socios y, de hecho, es probable que tengan más de uno. Entre ellos pueden figurar un asesor financiero o patrimonial, un asesor fiscal o un planificador sucesorio, o incluso un asesor jurídico. Necesitan todo un equipo de personas. Y no solo eso: también, un banco, un socio crediticio e incluso un socio asegurador.

En Falcon Wealth Planning, nos esforzamos por tomar la iniciativa en todos los asuntos financieros que los clientes desean delegar.

Mis clientes abarcan un amplio espectro. Hay personas que están tan ocupadas creando empresas, viajando o disfrutando de su jubilación que nos ponemos en contacto con ellas una vez al trimestre y nos centramos en lo que de verdad importa. Otros quieren estar en contacto con más frecuencia y ser socios más activos: son siempre bienvenidos y elaboramos para ellos programas de servicio personalizados. Muchos son brillantes en finanzas y tienen una sólida base de conocimientos al respecto, pero no viven ni respiran solo con este objetivo. Entienden los principios, pero confían en mí y en el equipo que hemos reunido en Falcon para hacer crecer su patrimonio.

Y siempre saben hasta cierto límite.

A cambio, saben que nosotros vivimos la planificación patrimonial: somos su socio de confianza en su futuro financiero.

También sé que muchos de mis clientes, empresarios de éxito por derecho propio, podrían pasar los años que yo pasé aprendiendo todo lo que hay que saber sobre el crecimiento del patrimonio. Son brillantes y expertos. Pero, a menos que las finanzas y la planificación patrimonial sean su pasión, dudo que puedan alcanzar la profundidad y amplitud de conocimientos que yo he acumulado, porque ese es mi negocio y mi mundo. Me encanta aprender sobre estrategias nuevas, que, además, están en constante cambio.

Los ricos entienden lo que está en juego

Elegir un socio para tus finanzas es una de las decisiones financieras más importantes que tomarás. A los clientes potenciales les digo que, si piensan que contratar a un profesional es caro, que prueben a contratar a un iniciado. Entonces, lamentablemente, verán lo que significa *caro*.

Las personas adineradas no pueden permitirse ser tacañas ni tomar atajos cuando se trata de finanzas. Si crees que es caro contratar a un profesional financiero, un asesor fiscal o un planificador patrimonial, te deseo suerte en los tribunales fiscales. Te deseo suerte con la herencia y, francamente, también a la hora de arriesgar el dinero en el mercado de valores.

Cuando se trata de tu patrimonio, no querrás confiarlo al hijo de tu primo tercero, que acaba de graduarse de la universidad (con un título en Finanzas). Quieres y necesitas experiencia. Pero incluso en este caso es importante elegir al asesor adecuado, pues hay diferencias importantes.

Las personas ricas eligen el tipo adecuado de asesor financiero

Muchas personas (incluso las más ricas) no se dan cuenta de que la mayor parte del sector de los servicios financieros está compuesto por lo que se denomina «corredores de bolsa». Este tipo de asesor financiero es un profesional que trabaja para una empresa de servicios financieros que compra y vende valores y también presta servicios de asesoramiento financiero a los clientes. Les ayudan a tomar decisiones de inversión, gestionar su cartera y planificar su futuro financiero.

Lo más importante que se debe tener en cuenta es que los honorarios de los corredores de bolsa suelen depender de los productos financieros que venden o los activos que gestionan; ganan comisiones por abrir nuevas cuentas y, a menudo, por operaciones y transacciones. Un ejemplo de asesor financiero que es corredor de bolsa podría ser alguien que trabaje para una gran institución financiera, como Merrill Lynch, Morgan Stanley, Raymond James o UBS, o para bancos, como JP Morgan Chase o Wells Fargo. Estas empresas ofrecen una amplia gama de productos y servicios financieros, lo que incluye asesoramiento en materia de inversiones, servicios de corretaje y soluciones de gestión patrimonial, a través de sus (muy amplias) redes de asesores financieros. Estos son representantes registrados que, al menos en EE. UU., poseen una licencia que les permite vender valores y recibir una comisión.

Exploremos ahora tres tipos de asesores financieros, porque hay otra opción más: el modelo que utiliza mi empresa.

Asesores que trabajan con comisiones

El primer tipo de asesor, el más común, es el asesor basado en comisiones. Obtienen ingresos a través de comisiones por ventas de productos financieros o cuentas que abren. Esto puede dar lugar a conflictos de intereses. En general, cuanto más operan, más dinero ganan. Por ejemplo, un cliente puede ser reacio al riesgo. Sin embargo, estos asesores no necesitan revelar toda la información acerca de los productos que venden. Pueden ganar comisiones a través de productos basados en seguros o fondos de inversión. Pueden trabajar para New York Life o una gran empresa de corretaje, pero, por lo general, actúan más como contratistas independientes. A menudo, son representantes de ventas de seguros que venden rentas vitalicias u otros productos de seguros de vida disfrazados de inversiones.

Asesores que trabajan a cambio de honorarios

Estos asesores reciben una parte de sus ingresos de los honorarios que les paga el cliente. Pero, y esta es una distinción importante, también ganan comisiones de las empresas de corretaje, las empresas de fondos de inversión o las compañías de seguros cuando venden sus productos. En otras palabras, desempeñan más de una función. Y una de ellas es el trabajo a cambio de comisiones. No te dicen qué papel desempeñan en cada momento. Esta distinción es confusa porque pueden actuar en el mejor interés del cliente como fiduciarios, pero no necesariamente revelar si, momentos después, actúan como asesores a cambio de comisiones.

Asesores que solo cobran honorarios

Falcon Wealth Planning es una empresa que solo cobra honorarios. Las personas que trabajan para mí ganan un buen salario, que no está vinculado a los productos que venden. Los asesores que solo cobran honorarios son profesionales cuya remuneración se compone solo de los honorarios que los clientes pagan. Pagan por nuestra experiencia. En Falcon Wealth, los asesores no ganan comisiones, sino que participan en los beneficios y, de esta manera, todos trabajamos en equipo.

Algunos asesores que solo cobran honorarios pueden ofrecer un enfoque a la carta. Es posible que tengan una tarifa fija para realizar una revisión de la cartera al año. Otros (como nosotros) cobran un porcentaje basado en los activos o una tarifa única por la planificación. Es importante destacar que, con cualquiera de estos enfoques, no hay sorpresas ni tarifas ocultas, comisiones o participaciones en los ingresos que las empresas de fondos devuelven a la empresa o al asesor. Se trata de una filosofía mucho más transparente.

Es importante destacar que, como asesores que solo cobran honorarios, tenemos un deber fiduciario ante nuestros clientes. Nuestra lealtad y prioridad no son hacia una casa de bolsa o una institución de inversión. Trabajo como socio de mis clientes, por lo que sus intereses son primordiales.

Renuncié a la licencia de capacitación como trabajador del sector financiero (*Series 7 license*) cuando fundé mi empresa independiente de asesoría de inversiones registrada (y pese a que no es un examen fácil de aprobar, sabía que era lo correcto). Una licencia de este tipo permite a un profesional de inversiones vender la mayoría de los valores con fines lucrativos. Me gusta resumirlo como «ganar comisiones». Esto significa que estás limitado a las inversiones que la empresa para la que trabajas puede ofrecer. Por eso era importante para mí ser independiente: dispongo de todo un universo de inversiones entre las que elegir para mis clientes. No vendo productos, sino conocimientos (o, como bromeo con mis clientes, vendo «cerebro»). Soy un CERTIFIED FINANCIAL PLANNER® (CFP®). Todos nuestros planificadores son «planificadores financieros certificados».

Esa distinción significa que no necesitamos una licencia como aquella a la que renuncié porque CFP® nos permite solo dar consejos. Solo podemos vender lo que yo llamo «cerebro». El enfoque de Falcon Wealth Planning significa que ofrezco consejos sensatos y reales: hablo de estrategias fiscales, inversiones inmobiliarias e inversiones de otro tipo sin que por mi parte me encuentre ante algún tipo de conflicto de intereses. Con otros modelos, un pensamiento típico podría ser así: «Si vendo este producto o aquel otro, obtendré una comisión». Sin embargo, menos del 2 % del sector lo hace de esta manera. De ese 2 %, alrededor del 30 % se centra en planificación fiscal. De los aproximadamente 15 000 asesores de inversión registrados en EE. UU.[9] (de los más de 250 000 que hay en el sector en su conjunto), somos solo uno de los pocos que utilizan este enfoque. Creemos en él.

Ah, y ya que estoy ofreciendo estadísticas sobre el sector, aproximadamente el 35 % de la población de Estados Unidos recurre a algún tipo de asesor financiero.[10] Poca duda cabe, por lo tanto, de que nuestra

• • • • • • • • • • • • • •

9. «Number of Registered Investment Advisors (RIAs) Employed in the United States from 2012 to 2022», Statista, consultado el 1 de septiembre de 2024, https://www.statista.com/statistics/614815/number-of-rias-employed-usa/.
10. True Tamplin, «How Many Financial Advisors Are in the US?», 15 de marzo de 2024, https://www.financestrategists.com/financial-advisor/advisor-types/how-many-financial-advisors-are-in-the-us/.

función es esencial. Y no es solo para los ricos, aunque estos entienden que contar con un socio les ayuda a alcanzar sus objetivos de forma más eficaz y eficiente.

Nuestro éxito, nuestros numerosos reconocimientos en el sector y los activos que logramos gestionar se derivan de nuestra filosofía. En primer lugar, creo que cuidar de nuestros asociados pagándoles un salario en lugar de someterlos al estrés de generar comisiones les permite centrarse en nuestros clientes y ofrecerles los mejores resultados, los más transparentes y los más fiables.

En segundo lugar, somos una empresa sin comisiones, un verdadero ente fiduciario. Esto significa que estamos legalmente obligados y somos legalmente responsables de actuar en el mejor interés de nuestros clientes, siempre. No cobramos honorarios, porque quienes lo hacen pueden seguir vendiendo un producto y cobrando comisiones. Aunque puedan «decir» (¡muy entre comillas!) que son fiduciarios y que actúan en el mejor interés del cliente, la realidad es que en cualquier momento pueden quitarse ese disfraz y empezar a vender productos.

Tampoco te interesa un asesor que gestione tu dinero y actúe como un banco; en otras palabras, no te interesa un asesor que también disponga de tu dinero. Francamente, eso es demasiado poder para una sola persona o entidad. La última persona que lo hizo fue un tipo del que quizás hayas oído hablar: Bernie Madoff. No acabó bien para sus clientes (ni para él ni su empresa, por cierto). Falcon Wealth Planning es solo un asesor. El dinero de nuestros clientes no está en Falcon ni en un banco propio. Está en empresas como Charles Schwab o Fidelity Investments. Es el cliente quien decide en qué institución guardarlo, no el asesor. No tenemos preferencias en cuanto al lugar donde se depositan los activos de nuestros clientes; solo queremos que disfruten de las mejores condiciones, ya sea a través de operaciones gratuitas, de las mejores ejecuciones de operaciones, de los mayores rendimientos en efectivo o de los tipos de interés de los préstamos.

Conclusión

Cuando pienso en mi esposa, veo a mi compañera de vida y de empresa, y reflexiono acerca de lo que eso ha significado. Una hermosa familia, el compromiso con nuestra Iglesia y nuestra comunidad, la capacidad de dedicarnos a la filantropía. Es una vida plena en todos los aspectos, con las cosas que son importantes para ambos. Este adecuado binomio lo hizo posible.

Lo mismo ocurre cuando alguien elige al socio financiero adecuado (Falcon Wealth Planning es uno de mis favoritos). Analizamos el panorama en conjunto: el panorama financiero completo, pero también el ámbito personal. Cuando trabajo con alguien, quiero saber su «porqué», como comenté en el capítulo 1. Quiero ayudarle a alcanzar la libertad financiera, porque, seamos sinceros, las preocupaciones financieras son una carga que a la mayoría nos resulta difícil de soportar.

Cuando tengo esa visión completa —de lo que es importante, dónde se encuentra el cliente y dónde quiere estar en el futuro—, entonces puedo ser su socio y ayudarle a conseguirlo utilizando toda la experiencia y los conocimientos que he adquirido a lo largo de los años.

Ahora es el momento de analizar uno de los mayores retos y preocupaciones que llevan a las personas a acudir a Falcon Wealth Planning: cómo planificar. Al respecto, solo quiero aclarar que las personas ricas planifican en exceso, especialmente cuando se trata de la jubilación.

CAPÍTULO 4

Los ricos planifican su jubilación

> "Una planificación patrimonial inteligente, como elaborar previsiones de gastos, ahorrar para emergencias y prepararse para la jubilación, puede ayudar a los hogares a disfrutar de una vida mejor y a capear las crisis financieras.
>
> BEN BERNANKE, *expresidente de la Reserva Federal*

C ada cliente es diferente, por lo que no hay consejos unívocos para todo el mundo. Dedicamos tiempo a conocer a nuestros clientes como personas, lo que incluye aprender sus «porqués». Es por ello que necesitamos examinar su situación financiera actual y futura. El objetivo es ayudarles a pensar a largo plazo. Por lo general, una de las mayores» preocupaciones a largo plazo que tienen las personas cuando acuden a su primera reunión con nosotros es si tendrán suficiente para jubilarse sin sacrificar el estilo de vida que disfrutan.

Para la mayoría, la verdadera libertad financiera significa poder jubilarse en cualquier momento, cuando ellos lo decidan. Mis clientes más ricos y de mayor éxito quieren saber que pueden llegar a un punto en el que, si trabajan, es porque quieren, no porque tengan que hacerlo. Muchos empresarios no quieren estar inactivos durante mucho tiempo en su vida. Tienden a buscar la próxima aventura, la próxima *start-up*, pero sabiendo que están financieramente seguros. Su idea del éxito no es jubilarse en sí, sino llevar las riendas de su vida.

En este capítulo, abordaremos algunas de las mayores preocupaciones que tiene la gente con respecto al dinero.

¿Cuándo debes jubilarte?

Algunas personas nunca se jubilarán no porque no puedan, sino porque no querrán. Me vienen a la mente personas como Warren Buffett. De hecho, aunque esta cifra es variable, en el momento de escribir este artículo casi el 18 % de los CEO de las empresas de la lista Fortune 500 tienen más de 65 años.[11] Y la edad media es ligeramente superior a los 59 años.[12]

Sin embargo, la edad no es el único indicador de la jubilación. Por ejemplo, en Falcon Wealth Planning tenemos clientes que son atletas profesionales. Su nivel de vida, dependiendo del deporte que practiquen, se basa en un estrecho margen de ingresos potenciales, con una duración determinada. Para un jugador de la NFL, la liga de fútbol americano, la media es de entre tres y cinco años (más cerca de los

. . . .

11. Madison Trust Company, «Which Fortune 500 Companies Have the Oldest (and Youngest) CEOs», 2024, https://www.madisontrust.com/information-center/visualizations/which-fortune-500-companies-have-the-oldest-and-youngest-ceos/.
12. Madison Trust, 2024.

tres).[13] La carrera media en la NBA se sitúa en el mismo rango (alrededor de cuatro años en el momento de escribir este artículo).[14] La Major League Baseball, de béisbol, llega a casi los seis años, la más larga de todas, pero no es mucho tiempo en comparación con una carrera empresarial típica.

Pero, independientemente del deporte que practique un atleta profesional, mantener el estilo de vida de sus años como jugador requiere un plan financiero diferente. A menudo les asesoramos sobre su «carrera 2.0», ya sea abrir un gimnasio, dedicarse a la consultoría o dar charlas motivacionales o de otro tipo. No están preparados para jubilarse, pero quieren mantener la vida a la que están acostumbrados.

De hecho, la mayoría de las personas quieren asegurarse de que, cuando se jubilen, dentro de cinco, diez o más de quince años, podrán mantener su estilo de vida o incluso mejorarlo. Tengo clientes adinerados que realizan entre dos y cuatro viajes exóticos al año, por lo que quieren saber que, cuando finalmente tengan más tiempo para viajar, podrán hacerlo aún más.

Cerciorar este tipo de cosas es parte de mi trabajo.

Cuándo empezar a cobrar la jubilación

Decidir cuándo cobrar las prestaciones de la seguridad social es una de las decisiones financieras con las que más luchan los jubilados. El momento en que se solicitan las prestaciones puede afectar significativamente a la situación financiera durante toda la jubilación.

En EE. UU., la edad mínima para cobrar las prestaciones de la seguridad social por jubilación es de 62 años (para las personas no viudas). Si empiezas a cobrarlas a los 62 años, recibirás más cheques a lo largo del resto de tu vida. Si tu esperanza de vida es menor (por ejemplo, por problemas de salud actuales o antecedentes familiares), podría tener sentido empezar a cobrar lo antes posible. Ten en cuenta que, si

• • • • • • • • • • • • • •

13. Alexander Eser, «Average Length of an NFL Career», World Metrics, 23 de julio de 2024, https://worldmetrics.org/average-length-of-nfl-career/.
14. American Sports Planet, «Average Basketball Career Length (All You Need to Know)», 22 de octubre de 2022, https://americansportsplanet.com/average-basket ball-career-length-all-you-need-to-know/.

alguien cobra la jubilación antes de haberse jubilado por completo, existen limitaciones de ingresos que pueden hacer que el beneficiario tenga que devolver (parte o la totalidad) de lo que haya ingresado ese año. Comenzar a cobrar estas prestaciones a los 62 años puede permitirle a alguien reducir las horas que trabaja o jubilarse antes, lo que proporciona más libertad para decidir cómo emplear el tiempo y dedicarse a lo que le motiva. Ten en cuenta que, si hay hijos menores de 18 años en el hogar, el beneficiario también cobra una prestación por el menor. Además, las personas viudas pueden cobrar las prestaciones a partir de los 60 años, siempre que no se hayan vuelto a casar. Sin embargo, para los ricos, cobrar la jubilación estatal no cambia su estilo de vida en ningún sentido. Pero esto no significa que ignoren el dinero que se les debe.

Veamos el caso hipotético de un jubilado. Se va a retirar a los 67 años, teniendo en cuenta que la edad varía según el año de nacimiento del jubilado y que puede cambiar en el futuro, ya que el Gobierno de EE. UU. está tratando de hacer frente a su enorme deuda. En nuestro caso hipotético, si este jubilado empezara a cobrar la prestación a los 62 años, su pago mensual podría reducirse hasta en un 30 %. Por lo tanto, si su prestación es de 2000 dólares al mes, solo recibiría unos 1400 si la solicitara cinco años antes. Si, en cambio, continuara trabajando hasta los 67, cada año trabajado aumentaría su prestación. Si alguien vive muchos años, comenzar a cobrar las prestaciones antes de tiempo puede suponer una reducción significativa en comparación con esperar hasta la edad en la que se alcanza la prestación máxima.

Además, si nuestro jubilado hipotético está casado, empezar a cobrar antes de tiempo puede reducir las prestaciones que podría recibir el cónyuge si su historial laboral es inferior al del fallecido. Esto debe tenerse en cuenta si el jubilado es mucho mayor que su cónyuge.

Es interesante observar que algunas personas ricas cobran sus prestaciones lo antes posible. Lo ven como el coste de oportunidad de utilizar su propio dinero frente a dejar que este crezca mientras utilizan el sistema de pensiones del Gobierno. Por el contrario, algunos deciden retrasarlo hasta los 70 años porque sus ingresos ya son demasiado altos y mantenerlos bajos les permite aprovechar otras estrategias fiscales, como la venta de algunos activos o las conversiones Roth.

Ahora bien, ¿qué pasa si nuestro jubilado decide esperar hasta los 70 años (cuando se le exige que comience a cobrar la jubilación, incluso si sigue trabajando y cotizando)? Por cada año que se retrasa el cobro de las prestaciones más allá de aquel en el que se alcanza la edad de jubilación (en nuestro caso hipotético, los 67 años), las prestaciones aumentan aproximadamente un 8 % anual, hasta los 70 años. Si la prestación es de 2000 dólares al mes, esperar hasta los setenta podría llevarla a unos 2480 dólares al mes (es importante señalar que la mayoría de los estados no gravan las pensiones).

Si nuestro jubilado vive hasta los 80 o 90 años, los pagos mensuales más elevados que se obtienen al retrasar la jubilación efectiva se traducen en mayores prestaciones. Al hacerlo, también puede aumentar la cantidad que recibiría el cónyuge como prestación de viudedad, lo que le proporcionaría una mayor seguridad financiera.

Esperar conlleva riesgos. Por ejemplo, si alguien se jubila y opta por vivir de sus ahorros hasta los 70 años, podría agotarlos demasiado rápido. Además, si retrasa su jubilación, pero fallece antes de lo esperado, es posible que reciba una cantidad total menor a lo largo de su vida en comparación con haberse jubilado antes.

A continuación se presentan algunas hipótesis sencillas a las que recurrir para decidir cuándo jubilarse. Supongamos que la prestación de nuestro jubilado es de 2000 dólares al mes a los 67 años y que vive hasta los ochenta y cinco:

Solicitud a los 62 años (anticipada):
  ▷ Prestación mensual: 1400 $ (reducción del 30 %).
  ▷ Beneficio total si vive hasta los 85 años: 1 386 000 $.

Solicitud a los 67 años (edad de jubilación):
  ▷ Prestación mensual: 2000 $.
  ▷ Prestación total si vive hasta los 85 años: 1 440 000 $.

Solicitud a los 70 años (tres años después de la edad de jubilación que le corresponde):
  ▷ Beneficio mensual: 2480 $ (aumento del 24 % con respecto a jubilarse a los 67).
  ▷ Prestación total si vive hasta los 85 años: 1 488 000 $.

Lo apuntado no tiene en cuenta los impuestos sobre las prestaciones y las posibles estrategias perdidas, ni tampoco el riesgo inflacionario.

Supongamos que alguien cobra la jubilación anticipadamente y recibe 1400 dólares al mes; en este caso, un aumento del 2 % solo suponen 28 dólares. Pero, si esta persona espera hasta los 70 años para solicitar la prestación, recibiría más de 2480 dólares al mes debido al aumento del 2 % durante ese periodo de ocho años. Por ejemplo, un aumento del 2 % sobre 2480 dólares supone casi 50 dólares extra.

Según este ejemplo simplificado, esperar hasta los 70 años reporta el mayor beneficio total a lo largo de la vida si el jubilado vive hasta los 85. En última instancia, esta decisión debe formar parte de una estrategia de jubilación más amplia que tenga en cuenta la salud, las necesidades financieras, otras fuentes de ingresos y los objetivos personales de cada uno. Consultar con un planificador financiero puede ayudar a adaptar la decisión a las circunstancias específicas.

Veamos algunas de las otras cuestiones importantes relacionadas con la jubilación desde el punto de vista de *cómo los ricos se hacen más ricos*.

Los ricos aprovechan el interés compuesto (y empiezan pronto)

Antes de profundizar en este tema, quiero dirigirme a aquellos lectores que, por cualquier motivo, no han empezado a planificar su jubilación o aún no han ahorrado mucho. Ya hemos hablado de las emociones relacionadas con el dinero, como la vergüenza o el miedo; quizás te resulte aterrador o incómodo darte cuenta de que no has ahorrado tanto como deberías. Elegir al socio adecuado significa encontrar un asesor que pueda ayudarte con empatía y conocimientos financieros. Nunca es demasiado tarde, pero, cuanto antes empieces a planificar, mejor.

En el capítulo 2, hablamos de la estrategia de pagarse primero a uno mismo en términos de ahorro. Cuando vas a la universidad, puedes financiar la matrícula mientras estudias. Cuando conduces un coche, puedes financiar el vehículo mientras lo conduces. Cuando vives en una casa, puedes financiar la vivienda mientras vives en ella. Pero no puedes financiar la jubilación mientras estás jubilado. Por lo tanto, págate primero a ti mismo. Como ante un incidente durante un vuelo, ponte la máscara de oxígeno antes de ponérsela a cualquiera que esté a tu lado.

Los ricos entienden lo que supone el gasto asociado al estilo de vida durante la jubilación

A mucha gente le preocupa no tener suficiente dinero para la jubilación. Es un temor legítimo. Según un estudio reciente, cerca de la mitad de los estadounidenses no tiene ahorros para la jubilación.[15] Atrás quedaron los días en que muchos trabajos ofrecían generosas pensiones. Entre los estadounidenses de más edad, más de la mitad tiene cuentas de jubilación, pero esas cuentas tienen un promedio de unos 100 000 dólares,[16] cuando los jubilados necesitarán mucho más, sobre todo porque cada vez vivimos más tiempo (entre 1960 y 2015, por ejemplo, la esperanza de vida en Estados Unidos aumentó en una década).[17]

Los ricos se enfrentan a otros problemas específicos de la jubilación. Imaginemos a alguien que tiene tres millones de dólares al jubilarse. La educación financiera es un tema importante en EE. UU. (y una de las razones por las que estoy escribiendo este libro). Muchas personas no tienen ese dinero (y no supone problema alguno; nunca es demasiado tarde para empezar, sea cual sea el objetivo). Sin embargo, cada vez veo más personas menores de 40 años que están seguras de que van a conseguir esa cantidad porque se propusieron abordar la jubilación desde el principio.

Lo más interesante para quienes han alcanzado los tres millones de dólares al jubilarse y se sienten seguros y satisfechos por haber logrado esa seguridad financiera es que ahora se enfrentan a un nuevo problema. Pueden pasar diez años y, suponiendo una tasa de rendimiento del 7 %, sus tres millones de dólares se han convertido en seis. Ahora tienen

· · · · · · · · · · · · · · ·

15. Daniel de Visé, «Nearly half of baby boomers have no retirement savings», The Hill, 8 de mayo de 2023, https://thehill.com/business/personal-finance/3991136-nearly-half-of-baby-boomers-have-no-retirement-savings/.
16. Daniel de Visé, «Nearly half of baby boomers have no retirement savings», The Hill, 8 de mayo de 2023, https://thehill.com/business/personal-finance/3991136-nearly-half-of-baby-boomers-have-no-retirement-savings/.
17. Lauren Mendina *et al.*, «Living Longer: Historical and Projected Life Expectancy in the United States, 1960-2060», febrero de 2020, Censo de los Estados Unidos, https://www.census.gov/content/dam/Census/library/publications/2020/demo/p25-1145.pdf.

una distribución mínima obligatoria (RMD, por sus siglas en inglés; se trata de una cantidad que se debe retirar, por ley, del depósito de jubilación) de 240 000 dólares (al 4 %, que aumenta a medida que envejecen), lo que muy probablemente los sitúe en un tramo impositivo más alto durante la jubilación que el que tenían cuando trabajaban.

¿Cómo puede suceder esto? ¡No es tan difícil como podría pensarse! Veamos el ejemplo de mi hermano, que podría haber caído en la misma trampa.

Al terminar la universidad, se fue a vivir con mi madre para ahorrar dinero y hacerle compañía, ya que mi padre falleció relativamente joven. Su jefe en aquel momento le dijo que ahorrara el 10 % de su salario anual y que, si lo hacía, se jubilaría siendo multimillonario. Ganaba 50 000 dólares al año, lo que suponía un ahorro anual de 5000 dólares. Mi hermano, que siempre admiraba a su increíble hermano mayor (¡una de las ventajas de escribir un libro es que puedo decir cosas como esta!), dijo: «Como no tengo gastos, voy a ahorrar 15 000 dólares al año». Como estaba soltero y tenía unos ingresos de 50 000 dólares, tenía una deducción estándar de aproximadamente 10 000 dólares (lo que reducía sus ingresos), además de los 15 000 dólares que ahorraba en un plan 401(k) tradicional de jubilación. Sus ingresos imponibles a los 25 años eran de 25 000 dólares. Lo que significa que estaba en el tramo impositivo del 12-15 %.

Diez años después, ahora está casado y tiene 35 años. Gana 80 000 dólares. Sigue ahorrando los 15 000 dólares, como antes, teniendo en cuenta que unos 25 000 dólares de los que gana se van en deducciones estándar (o exenciones), lo que hace que sus ingresos imponibles sean de 40 000 dólares. En este momento, sigue estando en el tramo impositivo del 12-15 %. Aunque mi hermano aún es joven, es importante señalar un tema común entre muchos jubilados.

Ahora llega la jubilación. Imaginemos que mi hermano tiene 65 años y cobra la jubilación. De los 40 000 dólares, su cónyuge recibe 20 000. Luego obtienen la deducción estándar de 25 000 dólares, lo que significa que tienen 35 000 de ingresos imponibles. Efectivamente, ¡vuelven a estar en el tramo impositivo del 12-15 %! Él disfruta de la vida a los 65, 66 y 67 años en tramos impositivos bajos... hasta que llegan sus años de RMD; esos en los que debe hacer retiradas obligatorias de la cuenta de jubilación. Suponiendo que diez años más tarde haya estado ahorrando 15 000 dólares anuales durante cuatro décadas con un crecimiento del 7%, tendría tres millones de dólares. Así es como sucede: siendo disciplinado y constante en las estrategias de ahorro.

Pero el problema de este ejemplo es que mi hermano habrá ahorrado toda su vida en el tramo impositivo del 12-15% para luego retirarlo en el tramo del 24-28%, a casi el doble. Además, ni siquiera estamos teniendo en cuenta las aportaciones adicionales del empleador, la participación en los beneficios, los aumentos salariales o el hecho de que su cónyuge trabaje y pueda ahorrar más dinero.

Así es como la gente puede caer en una trampa fiscal. ¡A este tipo de personas las llamamos «viejos gruñones»!

Sin embargo, el código tributario del Gobierno de EE. UU. exige una RMD de aproximadamente el 4% en las cuentas con impuestos diferidos. Es importante señalar que, cuanto mayor sea la edad, mayor será el porcentaje. Por ejemplo, la RMD de una persona de 80 años es aproximadamente del 5% (lo que supone 300 000 dólares si, por ejemplo, el saldo de su cuenta sigue siendo de seis millones de dólares); a los 90 años, es superior al 8% (480 000 dólares). Si logras vivir hasta los 110 años, es de casi el 32%, o 1,92 millones de dólares. En un caso así, el Gobierno nunca le ha gravado tanto a esa persona, por lo que finalmente se alegra de que envejezca. Por lo tanto, la RMD sobre seis millones de dólares para alguien de 80 años, siguiendo nuestro ejemplo, es de 240 000 dólares. Este jubilado va a ganar 300 000 dólares el año en que cobre esa RMD. Ahora bien, la mayoría de las personas no ganan actualmente 300 000 dólares, lo que significa que estarán en un tramo impositivo más alto durante la jubilación que cuando trabajaban. Eso sin contar la estabilidad de las prestaciones (que, como profesional financiero, no creo que se mantenga por mucho tiempo dada la deuda estadounidense). Si fuera una persona a la que le gustara apostar, diría que los impuestos van a subir. Lo que quiero decir con todo esto es que existe la idea errónea de que las personas estarán en un tramo impositivo más bajo durante la jubilación que cuando trabajaban, y eso no es lo que yo veo.

Lo que sí veo son clientes sin experiencia. Por ejemplo, tengo muchos clientes de Silicon Valley que tienen, digamos, 35 años, ganan medio millón al año más opciones sobre acciones y dicen que quieren jubilarse a los cincuenta. Dentro de quince años, pueden haber ahorrado 5 o 10 millones de dólares. Pero ahora mismo tienen un bebé y otro en la guardería. En quince años, este cliente estará pagando la universidad al mismo tiempo que querrá jubilarse. Perderá el seguro médico al jubilarse (lo trataremos más adelante en este capítulo). No se da cuenta de que, con personas a su cargo, puede estar pagando más de 30 000 dólares al año solo por el seguro médico. Puede que tampoco tenga en cuenta la inflación. Por ejemplo, él y su familia tienen un buen nivel de vida y unos gastos de 200 000 dólares al año; dentro de quince años, esa cifra probablemente será de 400 000 dólares (con una tasa de inflación del 3 %). Dicho esto, es posible que no acaben de entender qué impuestos pagarán al año durante su jubilación.

Por eso, los consejos genéricos de cualquier asesor financiero no son suficientes cuando se trata de la jubilación y la planificación real. Normalmente, te remitirán a un asesor fiscal. El valor de Falcon Wealth Planning es que estamos autorizados a ofrecer asesoramiento fiscal.

¿Cuánto necesitas para jubilarte?

La regla del 4 % es muy popular para planificar la jubilación. Sugiere que se puede retirar cada año el 4 % de los activos invertibles, ajustado a la inflación, para evitar quedarse sin dinero durante el resto de la vida (teniendo en cuenta que cada vez vivimos más tiempo). Sin embargo, hay que tener en cuenta que hay muchos condicionantes, como los impuestos, la amortización de la hipoteca, la incertidumbre de las prestaciones estatales por jubilación, el sistema Medicare, los gastos de educación o el cuidado de los hijos, la inflación y las posibles ventas de negocios o propiedades o las opciones sobre acciones. Por eso no hay un plan que se adapte a todos por igual. Hay demasiadas variables, por lo que es absolutamente necesario hablar con un profesional con experiencia. Para determinar cuánto necesita ahorrar un cliente para la jubilación, tenemos que ayudarle a darse cuenta de cuáles son sus gastos, qué es lo que realmente necesita y en qué gasta cada año. Si la respuesta le sorprende (es decir, está gastando más de lo que pensaba y su estilo de vida podría verse afectado si aplica la regla del 4 %), podríamos aconsejarle retrasar la jubilación uno o dos años, mientras sigue aumentando su cartera financiera. La mayoría de las personas no quieren que su estilo de vida se vea afectado, pero hay formas de recortar en lo que se gasta.

Según esta herramienta de planificación, que permite calcular la cantidad total que necesitas ahorrar, divide tus gastos anuales de jubilación entre 0,04.

Ejemplo de cálculo: Supongamos que crees que necesitarás 120 000 dólares al año durante tu jubilación.
Ingresos anuales: 80 000 dólares.
Déficit anual: 40 000 dólares.
Ahorros necesarios: 1 000 000 de dólares.

$$\text{Ahorros necesarios} = \frac{\text{Déficit anual}}{0,04} = \frac{40\,000}{0,04} = 1\,000\,000$$

Por lo tanto, según la regla del 4 %, necesitarías 1 000 000 de dólares en ahorros para la jubilación para así poder retirar 40 000 al año. Ahora bien, para que quede claro, se trata solo de una hipótesis, con cifras redondas, bonitas y sencillas. Para la mayoría de las personas, su situación financiera es mucho más compleja. En el caso de los ricos, esa complejidad es aún mayor.

Ingresos

Seguridad social	50 000 $
Jubilación	20 000 $
Ingresos por alquiler	10 000 $
Ingresos totales	80 000 $
Gastos totales	120 000 $
Déficit	(40 000 $)

La regla del 4 % también tiene en cuenta una cartera equilibrada de acciones y bonos, una inflación moderada del 3 % y un periodo de jubilación de treinta años o más. Si esperamos una inflación más alta, una jubilación más larga o inversiones más conservadoras, es posible que tengamos que ajustar la tasa de retirada a menos del 4 %.

Por el contrario, si esperas una jubilación más corta o inversiones de mayor riesgo, es posible que puedas utilizar una tasa de retiro más alta. Esta regla es un punto de partida, pero es importante que la personalices en función de tus circunstancias individuales, tu tolerancia al riesgo y tus objetivos financieros.

Por ejemplo, supongamos que la cartera de un cliente incluye propiedades de inversión y que le quedan unos años para jubilarse. ¿Debería pagar las hipotecas de esas propiedades, aumentando así el flujo de caja para su jubilación y, posiblemente, obteniendo una deducción en función de su situación fiscal? No hay una respuesta única a este tipo de preguntas sobre la jubilación. Para ser claros, «ahorrar 100 000 dólares para invertir» no es un objetivo. Es mucho más complejo que eso.

La experiencia típica de reunirse con un asesor financiero es un poco como ir a por comida rápida en coche. Yo no tomo pedidos; no soy un asesor transaccional. Soy un asesor de relaciones. Necesito saber cómo puedo personalizar un panorama financiero para alcanzar los objetivos, los «porqués» del cliente.

¡Y no olvides lo dicho sobre el tramo impositivo! (Hablaremos de esto un poco más en el capítulo sobre impuestos, pero, una vez más, es importante que elijas al socio adecuado para que te asesore sobre tus inversiones y objetivos financieros). De repente, esto es más complejo que una fórmula de la regla del 4 %.

Antes de continuar, es importante recordar que la situación financiera cambia sin parar. Por lo general, los planificadores no financieros, aquellos que solo se centran en inversiones, se pondrán en contacto contigo una o dos veces al año para ver si deseas cambiar algunas de las opciones de tu cartera. Pero no es suficiente. Los asesores necesitan una visión más completa de la situación, así como los clientes. Revisa regularmente los gastos y ajústalos para adaptarlos a tu estilo de vida durante la jubilación, asegurándote de que tus activos no se agotan demasiado rápido o de que tu situación fiscal no cambia.

Planificación de la asistencia sanitaria y los cuidados a largo plazo

Otra de las grandes preocupaciones, al menos en EE. UU., cuando se piensa en la jubilación es la asistencia sanitaria. Aunque nos imaginamos como jubilados activos, con muchos años de vida saludable por delante, no siempre es así.

La «brecha sanitaria» en la jubilación se refiere al periodo en el que las personas que se jubilan en EE. UU. se enfrentan a una falta de cobertura sanitaria antes de poder optar al sistema estatal Medicare, normalmente a partir de los 65 años. Esta brecha se produce en el caso de las personas que se jubilan antes de poder optar a él, pero que ya no tienen un seguro médico pagado por su empresa u otra cobertura. Incluso a las personas ricas les preocupan las primas de 30 000 dólares. Respetan el dinero y, por lo tanto, no quieren gastarlo sin motivo.

Si te encuentras en esta situación por haberte jubilado anticipadamente sin un seguro sufragado por tu empleador, debes buscar y pagar una cobertura médica, a menudo a un coste muy alto. Los seguros privados, el sistema de asistencia COBRA o los planes del mercado pueden ser costosos, especialmente a medida que las personas envejecen. Los planes para una persona de 25 años tienen un precio muy diferente al de alguien de sesenta años, por ejemplo.

Las compañías de seguros de los planes de salud del mercado pueden tener en cuenta la ubicación a la hora de fijar los precios. Si todavía tienes hijos jóvenes en casa y estás pensando en jubilarte, tener a personas dependientes en el mismo hogar también aumenta el coste del seguro médico.

Además, el mercado estadounidense tiene actualmente cinco categorías: Bronce, Plata, Oro, Platino y Catastrófico. Los costes de los mejores planes se reflejan en la prima mensual, así como en los gastos que cubren, como las franquicias. Por lo general, los planes de nivel inferior tienen franquicias y gastos más elevados.

La brecha en la atención médica puede significar que algunos jubilados se arriesguen porque no pueden permitirse un seguro asequible, lo que los deja sin cobertura y puede suponer un riesgo financiero si se enfrentan a problemas de salud importantes. Para gestionar este déficit en la atención médica, es importante planificar cuidadosamente, teniendo en cuenta el momento de la jubilación, los ahorros y las opciones para cubrir esa brecha hasta que entre en vigor el sistema Medicare.

La ventaja de la planificación patrimonial es que el seguro comúnmente conocido como Obamacare ofrece subsidios a quienes tienen ingresos más bajos. Esto es fundamental para quienes necesitan elaborar estrategias en los primeros años de la jubilación. Por eso, tener ahorros en cuentas Roth o cuentas de corretaje disponibles para retirar fondos puede ser una gran ventaja, ya que permitirá a los posibles beneficiarios obtener un seguro subvencionado. La mayoría de las empresas no se atreverían a abordar esta planificación ni por asomo. Requiere demasiado tiempo y responsabilidad en materia de planificación fiscal y los conocimientos necesarios van mucho más allá de saber la diferencia entre acciones y bonos.

Como ya he apuntado, la mayoría de nosotros imaginamos una jubilación en la que disfrutamos de la vida al máximo. No esperamos necesitar cuidados. Pero, por desgracia, el 70 % de las personas de 65 años o más necesitarán «cuidados intensivos a largo plazo».[18] Esto es algo que preocupa mucho a la actual generación del *baby boom* y a la población que envejece a medida que se acerca la edad de jubilación.

Una de las preguntas más urgentes es si conviene contratar un seguro de cuidados a largo plazo (seguro LTC, por sus siglas en inglés) o invertir ese dinero. Esta decisión depende de varios factores, entre ellos, la situación financiera, el estado de salud, los antecedentes familiares, la tolerancia al riesgo, la disciplina para ahorrar y otras preferencias personales. Sin embargo, ten en cuenta que, a menudo, las personas dependen de sus familiares para recibir cuidados y que los cuidados al final de la vida o a largo plazo no suelen prolongarse durante mucho tiempo. De hecho, el 24 % de las personas que necesitan cuidados a largo plazo remunerados los utilizan durante una media de dos años.[19] Además, solo el 15 % pasa más de dos años en una residencia de ancianos.[20] Sin embargo, no se puede olvidar que los costes de los cuidados a largo plazo en un centro privado suelen ser muy elevados. Dependiendo del estado donde se resida, un centro de cuidados a largo plazo en EE. UU. puede costar entre 35 000 y 108 000 dólares al año.[21]

El seguro de cuidados a largo plazo ayuda a cubrir los elevados costes e incluye residencias de ancianos, centros de día o cuidados a domicilio. Estos gastos pueden agotar rápidamente los ahorros, por lo

• • • • • • • • • • • • • •

18. Richard W. Johnson, Urban Institute, «What Is the Lifetime Risk of Needing and Receiving Long-Term Services and Supports?», ASPE, consultado el 5 de septiembre de 2024, https://aspe.hhs.gov/reports/what-lifetime-risk-needing-receiving-long-term-services-supports-0.
19. Richard Johnson, «What Is the Lifetime Risk?».
20. Johnson.
21. Christian Simmons, «Average Cost of Long-Term Care Insurance + How to Plan», RetireGuide, 25 de octubre de 2023, https://www.retireguide.com/long-term-care-insurance/costs/average-by-state/.

que el seguro es indispensable para algunas personas. Su valor incluye posibles beneficios fiscales (las primas pueden ser deducibles de impuestos en algunas situaciones) e implica tranquilidad.

Sin embargo, es importante recordar que las primas del seguro de cuidados a largo plazo pueden aumentar con el tiempo, a veces de forma significativa, lo que hace que el seguro sea menos asequible a medida que se envejece (precisamente cuando puede que más te preocupe mantener estables los gastos mensuales).

Sin embargo, hay dos escenarios que debo presentar. En el primero, imagina que nunca necesitas cuidados a largo plazo y te jubilas con buena salud y disfrutas de tus años dorados sin preocupaciones: el dinero gastado en primas se pierde, a diferencia de una inversión que podría haber ido aumentando de valor. En el segundo, cabe destacar que algunas pólizas pueden tener limitaciones o exclusiones, lo que significa que podrían no cubrir todos los tipos de cuidados o durante el tiempo que se necesiten.

Las compañías de seguros siempre buscan ganar dinero. La mayoría de las pólizas de seguros LTC tienen una cobertura garantizada de tres años, con una cláusula de inflación, con una cobertura de 250 dólares al día y un periodo de espera de noventa días. Esas características se considerarían una «buena póliza».

Medicare cubre los primeros cien días. Pero, si la póliza media del seguro LTC para una persona de 60 años es de 500 dólares al mes, entonces, en veinte años, con una inversión del 7 %, acabaría con más de 250 000 dólares. La compañía de seguros alcanzaría el umbral de rentabilidad al prestarle el servicio. Las compañías de seguros ganan dinero porque cuentan con que habrá personas que no pagarán su póliza de por vida, que morirán de manera prematura o que, en promedio, morirán antes de que se pasen los tres años.

Examinemos un escenario en el que inviertes el dinero que habrías gastado en las primas del seguro de cuidados a largo plazo. Ese dinero podría generar un crecimiento significativo con el tiempo, dependiendo del rendimiento del mercado. Las tasas medias de rendimiento en el mercado de valores, con un buen asesor, rondan el 10 %. Es importante señalar que no todo el mundo tiene el 100 % de su dinero en acciones.

A diferencia del LTC, los fondos invertidos pueden utilizarse para cualquier fin, no solo para cuidados a largo plazo. Si nunca necesitas cuidados, el dinero sigue formando parte de tu patrimonio. Sin embargo, las inversiones conllevan cierto riesgo y no hay garantía de que tu cartera vaya a crecer lo suficiente como para cubrir los costes de este tipo de cuidados. Una caída del mercado podría reducir tus ahorros en un momento en el que tal vez necesites cuidados. Sin embargo, una cartera diversificada ofrece cierta protección. Por lo tanto, si tienes ahorros e inversiones sustanciales, la autofinanciación podría tener más sentido.

Si tienes familiares que están dispuestos y son capaces de proporcionar cuidados, esto podría reducir la necesidad de recurrir a cuidados externos costosos, lo que haría menos necesario un seguro de cuidados a largo plazo. De hecho, alrededor de cuarenta y cuatro millones de adultos estadounidenses son cuidadores (y esta cifra no hará más que aumentar a medida que la población envejezca).[22] Lo que muchos hacen es combinar los cuidados remunerados con ayuda de familiares.

Es de esperar que, a estas alturas, hayas sido disciplinado a la hora de ahorrar y ya comprendas la importancia que reviste. Para utilizar con éxito las inversiones a fin de cubrir los cuidados a largo plazo es necesario ser disciplinado y ahorrar e invertir de forma constante, sin recurrir a ese dinero para otros gastos.

También puede valer la pena considerar una combinación de ambos enfoques, como la compra de una póliza con beneficios limitados y complementarla con inversiones. Consultar a un planificador financiero como Falcon Wealth Planning puede ayudarte a diseñar un plan que se adapte a tus necesidades y circunstancias específicas.

En resumen, las personas ricas se dedican a ganar dinero de la forma más eficiente posible y, en lo que respecta a los seguros, dependiendo de la persona, es imprescindible evaluar todas las variables y tomar una decisión. Porque, cuanto más se espere, más costoso puede resultar.

Seleccionar cuentas de jubilación

¿Debería alguien ahorrar en una cuenta Roth IRA o en una cuenta IRA tradicional? Esta es quizás la pregunta que más me hacen mis clientes

• • • • • • • • • • • • • •

22. «Caregiving in the United States 2020», AARP, 14 de mayo de 2020, https://www.aarp.org/pri/topics/ltss/family-caregiving/caregiving-in-the-united- states/#:~:text=Hoy,%20más%20de%20uno%20de%20cada%20cinco%20estadounidenses%20 (21,3.

cuando se trata de planificar la jubilación. Además, muchas personas mayores de 60 años creen que son demasiado mayores para una cuenta Roth. A menudo preguntan: «¿No es eso algo para la gente joven?». Además, existen las conversiones Roth, sobre lo que me preguntan a menudo.

Este es un aspecto importante porque, si se hace incorrectamente, tus cuentas de jubilación podrían convertirse en una bomba de relojería fiscal, como se ha comentado anteriormente en el ejemplo de mi hermano menor. Trataré las cuentas IRA con más detalle en el capítulo 9, sobre impuestos. Sin embargo, exploraré brevemente las diferencias clave.

En una cuenta con impuestos diferidos (IRA tradicional), tus aportaciones suelen ser deducibles de impuestos, lo que significa que puedes reducir tus ingresos imponibles del año en el que realizas la aportación. Las ganancias crecen con impuestos diferidos hasta su retirada. Esas retiradas se gravan como ingresos ordinarios durante la jubilación. Las distribuciones mínimas obligatorias (RMD) comienzan a los 73 años y, para aquellos que cumplan 74 años después del 31 de diciembre de 2032, a los setenta y cinco.

Las aportaciones a las cuentas Roth IRA se realizan con dinero después de impuestos, lo que significa que no hay ningún beneficio fiscal inmediato. Las ganancias crecen libres de impuestos (no se difieren). Las retiradas están libres de impuestos durante la jubilación, siempre que se cumplan determinadas condiciones (por ejemplo, que la cuenta tenga al menos cinco años de antigüedad y que se tengan más de 59 años y medio). No hay RMD durante la vida del titular de la cuenta. Es importante señalar que no solo lo que aportaste, sino también el crecimiento, está libre de impuestos.

Más adelante profundizaremos en las implicaciones fiscales de estas dos cuentas de jubilación.

Por cierto, a los ricos les encantan las cuentas Roth. Piensa en una cuenta con impuestos diferidos, que es lo que implica una IRA tradicional. Solo se obtiene una deducción por el capital, pero hay que pagar impuestos sobre el importe total. En cambio, la cuenta Roth es lo contrario: se renuncia a la deducción inicial, pero se obtiene un crecimiento libre de impuestos durante el resto de la vida del cliente y la de los herederos.

¿Deberías amortizar la hipoteca?

A medida que los clientes se acercan a la jubilación, a menudo preguntan si deben terminar de pagar la hipoteca de su vivienda. Decidir si amortizar la hipoteca al acercarse a la jubilación o no implica sopesar varios factores, entre ellos, la seguridad financiera, las condiciones del mercado, las implicaciones fiscales y las preferencias personales.

En primer lugar, al terminar de pagar la hipoteca, se obtiene un rendimiento equivalente al tipo de interés de la misma. Por ejemplo, si el tipo de interés de tu hipoteca es del 4 %, pagarla es como obtener un rendimiento garantizado del 4 % sobre tu dinero (no es un rendimiento especialmente alto, pero está garantizado).

Eliminar el pago mensual de la hipoteca también puede liberar dinero en efectivo para otros gastos, lo que reduce la presión sobre los ingresos de jubilación. Para muchas personas, parte de su plan cuando dejan de trabajar es saber que ya no tienen que hacer ese pago. Además, muchas personas sienten seguridad y satisfacción al ser propietarias de su vivienda, sabiendo que, pase lo que pase en los mercados financieros, tienen un lugar donde vivir.

Esta es la opinión de los ricos al respecto: pagar una hipoteca reduce la liquidez. Inmovilizar una gran cantidad de dinero en efectivo en la vivienda puede limitar la flexibilidad financiera. En caso de emergencia, puede ser más difícil acceder a ese dinero, especialmente si se necesitan fondos rápidamente.

Además, el dinero utilizado para pagar la hipoteca podría generar un mayor rendimiento si se invierte. Por ejemplo, si el mercado de valores rinde un 10 % anual, podrías dejar escapar esas ganancias al pagar una hipoteca al 4 %. Obviamente, esto depende de la tasa de interés de la hipoteca. Pero el valor de la vivienda sigue siendo el mismo, con o sin hipoteca. Por lo tanto, el verdadero ahorro es solo la tasa de interés, que también puede ser deducible.

El pago de una hipoteca también tiene implicaciones fiscales. Los intereses hipotecarios pueden reducir la base imponible. El pago de la hipoteca elimina esta deducción, lo que podría aumentar la carga fiscal, aunque esto depende de la situación fiscal general, lo que pone de relieve una vez más que no se puede seguir un enfoque estándar en términos de planificación patrimonial.

Conclusión

La jubilación es algo que preocupa a la mayoría de mis clientes. Todos queremos saber que seremos libres para disfrutar de nuestros años dorados, dedicarnos a las aficiones que tengamos, pasar tiempo con la familia, viajar, hacer voluntariado y mucho más.

En el próximo capítulo, veremos cómo compran los ricos los bienes inmuebles.

CAPÍTULO 5
Los ricos invierten en bienes inmuebles

> **"**Un artista es alguien que produce cosas que la gente no necesita tener, pero que él, por alguna razón, cree que sería una buena idea darles.
>
> ANDY WARHOL

Oro, arte y bienes inmuebles.

Joyas, coches, barcos.

Estas son algunas de las propiedades tangibles, aquellas cosas que se pueden ver y tocar, a diferencia de las acciones y los bonos, en las que invierten los ricos (y, especialmente, en el caso del arte, los muy muy ricos).

Para algunas personas, y especialmente en algunas culturas, los bienes tangibles son muy importantes. Falcon Wealth Planning compró un hermoso edificio en Chicago; tenemos decenas de oficinas y seguimos creciendo, por lo que tenía sentido comprar en esa ubicación en Chicago. Hay algo satisfactorio en estar frente a un alto edificio y saber que tú o tu empresa sois sus propietarios. Esa sensación de propiedad tangible, de ver los activos, es importante para buena parte de mis clientes.

Afortunadamente, como no vendo productos financieros como asesor patrimonial a comisión, mi equipo y yo podemos ofrecer nuestra amplia experiencia en la creación de carteras diversificadas que incluyen bienes inmuebles, oro y obras de arte. También podemos incluir joyas (como diamantes) y «juguetes», como coches y barcos. En nuestra empresa, no nos limitamos a analizar carteras de acciones y hacer recomendaciones. Analizamos el panorama general para impulsar a nuestros clientes hacia la libertad financiera. Es especialmente importante que podamos asesorar a nuestros clientes de esta manera, ya que los bienes inmuebles, en particular, son una inversión fantástica (y una estrategia fiscal).

Considero que el tipo de diversificación de cartera que utilizan los ricos es una forma diferente de «seguro». No se trata de un plan o póliza de seguro (que tratamos en el capítulo que les dedicamos a los seguros), sino que, en esencia, es planificar poniéndose en lo peor. ¿Qué quiero decir con eso? Los ricos se protegen asegurándose de que, incluso si otra área de su cartera sufre una caída o se produce una corrección en el mercado de valores, han planificado y protegido su futuro financiero (y, en el mejor de los casos, el de sus herederos) mediante la adquisición de activos tangibles.

Oro y otros metales preciosos

Muy a menudo, quienes invierten en oro son personas reacias al riesgo o, directamente, pesimistas.

A menudo, clientes míos con una liquidez inferior al medio millón de dólares me piden consejo sobre la compra de oro. Sienten que necesitan tener oro en su cartera. Por desgracia, hay una gran cantidad de iniciativas de marketing y sitios web que animan a la gente a invertir en oro y metales preciosos porque «se acerca el fin del mundo». Estos enfoques suelen incluir alarmismo sobre el colapso de los mercados financieros sobre una potencial retirada masiva de depósitos bancarios, lo que evoca crisis financieras pasadas.

Nadie sabe con certeza lo que depara el futuro, pero puedo asegurar que el oro no será la solución.

Sin embargo, también sé, como hemos comentado anteriormente, que a menudo hay un componente emocional en la forma en que las personas perciben el dinero y las finanzas. Por lo tanto, si un cliente con activos por valor de millones de dólares quiere tener 50 000 dólares en oro y el hecho de conservar esos lingotes le da tranquilidad, entonces apoyo la decisión. Sin embargo, lo que suele ocurrir es que los inversores en camino de hacerse ricos o que aún son noveles compran oro y lo acumulan, lo cual no es una forma sensata de invertir, y mucho menos de diversificar una cartera.

En general, la gente invierte en oro por varias razones, entre las que se incluyen las siguientes:

▷ Algunos consideran que es un «activo refugio». Su valor tiende a mantenerse estable o incluso a aumentar durante épocas de incertidumbre económica, lo que hace que algunos inversores (especialmente los más reacios al riesgo) lo prefieran cuando hay volatilidad del mercado.

▷ El oro se considera a menudo una cobertura contra la inflación. Cuando el valor del papel moneda disminuye, el oro suele aumentar, lo que preserva el poder adquisitivo. Aunque, como señalo a mis clientes, no se puede entrar en un concesionario de coches con una bolsa de oro y comprar un Mercedes.

▷ Incluir oro en una cartera de inversiones puede diversificar el riesgo. Sin embargo, una vez más, la cantidad de oro que se incluye no debe basarse en el miedo emocional. Un porcentaje excesivo de oro en una cartera no contribuirá en nada a aumentar la riqueza a largo plazo ni acerca a la libertad financiera. No obstante, dado que el oro no suele estar vinculado a las acciones ni a los bonos, es cierto que puede reducir la volatilidad general de la cartera, pero, de nuevo, no es mi método preferido de diversificación.

▷ El oro se considera muy líquido, lo que significa que se puede comprar o vender fácilmente en la mayoría de los mercados del mundo. Pero no es tan líquido como algunos piensan; hay que pagar costes y comisiones elevados para comprar y vender oro, normalmente hacia un 10%. Además, hay que guardarlo en un lugar seguro, asegurarlo, etc.

▷ Culturalmente, el oro se ha valorado durante miles de años. En algunas culturas, se prefieren los activos tangibles. Por ejemplo, en la India, el oro desempeña un papel cultural muy importante, ya que forma parte de festivales y celebraciones. Por ello, muchos indios invierten en oro. En China, los objetos de oro suelen regalarse durante el Año Nuevo Lunar. Los países y pueblos de todo el mundo tienen una confianza histórica en el oro, lo que aumenta su estabilidad y valor percibidos.

▷ Poseer oro proporciona un activo tangible que se puede almacenar y proteger, independientemente de las instituciones financieras. Dicho de otra manera, es «el dinero que se guarda debajo del colchón».

Para comprender a mis clientes, necesito saber si son reacios al riesgo (o no). Esto me permite conocer sus preocupaciones emocionales con relación a sus finanzas, así como sus objetivos, no solo para ellos mismos, sino también para la generación que los sigue. Dependiendo del cliente, el oro puede ser un elemento de su cartera que les aporte tranquilidad. Y eso, sin duda, tiene un valor intangible.

Arte

El arte suele ser una inversión para los muy ricos. Una vez que han alcanzado el estatus de «millonarios», su futuro financiero está más que asegurado y, francamente, no podrían gastarse todo su dinero. Así que, si son prudentes, empiezan a pensar más seriamente en preservar la riqueza para las generaciones futuras. El arte, con ese nivel de riqueza, suele ser una opción de inversión. Muchos contratan a consultores de arte para que los asesoren, ya que la persona media probablemente no entiende del todo lo que implican las inversiones en esta área. También existen varios índices de arte, entre ellos, el de Art Market Research, que muchas casas de subastas utilizan para determinar las pujas iniciales.[23] Hay un último aspecto, bastante controvertido. Los activos que estamos abordando (oro, arte, joyas) pueden transmitirse con facilidad a las generaciones siguientes sin tener en cuenta los impuestos sobre el patrimonio. No lo defiendo, pero creo que es lo que contribuye a aumentar este mercado. No sabría decir cuántas veces veo una declaración de impuestos sobre el patrimonio en la que el valor de todos los muebles, obras de arte y joyas se valora en tan solo 25 000 dólares.

Conozco a clientes muy adinerados que invierten en arte y no necesariamente aprecian lo que coleccionan. Es una inversión carente de emociones porque saben que necesitan esa diversificación. Tengo otros que se sienten muy conmovidos por el arte o que pueden codiciar y coleccionar la obra de ciertos artistas o determinados estilos.

Las personas adineradas invierten en arte por varias razones:

▷ El arte se suele apreciar significativamente con el tiempo, por lo que proporciona un rendimiento sustancial de la inversión. Las obras notables de artistas de renombre suelen aumentar de valor debido a su rareza y relevancia cultural. Hay algunos peros al respecto, que comentaré en la siguiente lista.

▷ El arte proporciona una ventaja de diversificación en una cartera. Sus movimientos de valor no suelen estar vinculados con los mercados financieros tradicionales, lo que ofrece una cobertura frente a la volatilidad del mercado.

▷ El arte se considera una inversión de prestigio. Poseer obras de arte de gran valor puede ser un símbolo de riqueza, sofisticación y capital cultural. ¡Imagina invitar a tus amigos a ver tu nuevo Picasso!

▷ Los coleccionistas suelen obtener satisfacción y disfrute personal al poseer y exhibir obras de arte. Como he dicho, tengo clientes que se emocionan con el arte. Pueden sentarse frente a su cuadro favorito durante horas.

• • • • • • • • • • • • • •

23. Art Market Research, «Art Market Research», consultado el 1 de noviembre de 2024, https://www.artmarketresearch.com/.

▷ Las inversiones en arte pueden ofrecer en ocasiones ventajas fiscales. Por ejemplo, las donaciones de obras de arte a museos u organizaciones benéficas pueden dar lugar a importantes deducciones.

▷ Al igual que el oro, el arte se considera a menudo una protección contra la inflación. A medida que aumenta el coste de la vida, el valor de los activos tangibles, como el arte, puede incrementarse.

▷ Las personas adineradas pueden invertir en arte para crear un legado (hablaremos de ello más adelante), de manera que contribuyen al patrimonio cultural y dejan un impacto duradero a través de sus colecciones. Invertir en arte puede brindar oportunidades para acciones de filantropía, como apoyar a artistas, galerías e instituciones culturales, lo que suele mejorar la reputación y la influencia de un coleccionista.

▷ El arte puede ser una forma discreta de almacenar riqueza, ya que las ventas y las identidades de los compradores y vendedores pueden mantenerse en privado y, en la mayor parte de los casos, las piezas son relativamente fáciles de transportar en comparación con otros activos.

¿Qué hay de los inconvenientes que he mencionado? Como cualquier inversión, no hay garantía de que el arte se revalorice. Hay algunas cosas que hay que tener en cuenta antes de invertir en una pieza artística:

▷ El arte requiere seguridad y un correcto almacenamiento y mantenimiento. No es una inversión simple. Si decides exhibir las piezas que tienes en las paredes de tu propia casa, la iluminación (incluida la exposición a la luz solar), los niveles de temperatura y humedad, entre otros, deben controlarse de la mano de expertos. Es mucho más probable que, en el caso de los clientes muy muy ricos, su nombre figure en una galería donde se exhibe la pieza, donde hay un sistema de seguridad de manera permanente, un seguro adecuado, un control perfecto de la temperatura, etc.

▷ A menudo, las piezas de arte deben conservarse durante un periodo de tiempo largo para que se revalorice, por lo que se trata de una inversión de mayor riesgo. Como he mencionado, el arte suele ser una inversión patrimonial, a largo plazo (a menudo generacional).

▷　Si necesitas liquidar la obra antes de que haya aumentado significativamente de valor, tendrás que asumir elevadas comisiones de corredores o casas de subastas.

▷　Elegir obras de arte no es fácil en términos de inversión. Una cosa es gastar una cantidad modesta en un cuadro para colgarlo encima del sofá y otra, intentar evaluar el mundo del arte. Aunque a muchos les encantaría pensar que comprarán la obra de un artista nuevo y prometedor antes de que se haga mundialmente famoso, como hicieron quienes compraron acciones de Apple o Amazon hace mucho tiempo, el mundo del arte es tan cerrado, propio e impredecible que es poco probable que suceda con facilidad.

A pesar de los riesgos y las complejidades del mundo del arte, este sigue siendo un activo tangible que muchos de mis clientes más adinerados eligen.

Sector inmobiliario

El primer objetivo inmobiliario de la mayoría de la gente es asegurarse de tener un lugar agradable donde vivir, un techo para ellos y sus seres queridos. Por lo tanto, cuando las personas compran y viven en la casa de sus sueños, son propietarios-usuarios. Compran una casa o un apartamento con la intención de acumular patrimonio y tener un lugar en el que les guste vivir.

A medida que la riqueza de una persona evoluciona, los bienes raíces pueden adoptar otras formas en términos de inversión. Por ejemplo, volvamos al edificio que compré en Chicago. Podía tener una oficina para mi negocio en un bonito lugar donde pagaría un alquiler determinado. O podía tener un lugar propio que mi empresa ocuparía e incluso alquilaría a otras empresas. Mi empresa me pagaría a mí o a mi entidad inmobiliaria —LLC— el alquiler, mientras que yo también cobraría el alquiler a otros inquilinos. Entonces, después de veinte o treinta años, sería propietario de un edificio valorado en varios millones de dólares (probablemente para cuando quiera jubilarme). Esta compra de espacio comercial es para el propietario-usuario. A menor escala, un dentista o un abogado pueden optar por comprar el edificio en el que ejercen su profesión. Es el mismo principio. Págate el alquiler a ti mismo y acaba siendo propietario de un activo tangible.

Con los bienes raíces, básicamente estás aprovechando el sistema económico a través de hipotecas para poder adquirir propiedades y, con el tiempo, aumentar tu cartera inmobiliaria. A la gente generalmente no le gusta aprovechar los activos, les hace sentir incómodos. Si te dijera que voy a tomar 100 000 dólares de tu dinero, ganado y ahorrado con esfuerzo, para comprarte acciones por valor de 200 000 dólares, la mayoría (que no son inversores de alto riesgo) lo rechazarían. Pero, en el sector inmobiliario, si alguien compra una propiedad de inversión de 500 000 dólares, es posible que solo tenga que aportar 100 000 dólares y pedir prestados los 400 000 restantes. En esta situación, se está utilizando el apalancamiento, pero hace que uno se sienta más cómodo. Hemos normalizado el concepto de hipoteca. En el caso de la compra de una propiedad para alquilar, el inquilino está pagando la hipoteca. Además, la inversión se revaloriza, lo que genera patrimonio. La ventaja añadida para la estrategia fiscal es que el inversor recibe un importante beneficio fiscal a través de la depreciación. Por último, si tienes una hipoteca, tu pago es fijo, pero el alquiler aumenta con el tiempo para seguir el mercado y la inflación.

Los ricos saben cómo aprovechar las ventajas fiscales de las hipotecas, la revalorización y la depreciación. El Gobierno de EE. UU. ofrece a los compradores de inmuebles una deducción fiscal denominada «depreciación». Esta deducción es lo que les permite enriquecerse aún más a través de inversiones inmobiliarias. Los ricos también saben que existe una relación directa entre los altos impuestos y los precios inmobiliarios. Cuando los impuestos suben, los inmuebles se revalorizan más. ¿Por qué? Porque las personas inteligentes invertirán su dinero en inmuebles, para así poder beneficiarse de esa deducción fiscal.

Al final del capítulo ofreceré un ejemplo de depreciación.

Los ricos invierten en bienes raíces por diversas razones:

▷ Los bienes inmuebles tienden a aumentar de valor con el tiempo, lo que proporciona posibles ganancias de capital a largo plazo y una fuente de acumulación de riqueza.

▷ Las propiedades en alquiler proporcionan un flujo constante de ingresos pasivos. Estos pueden provenir de alquileres residenciales, arrendamientos comerciales (como el reluciente edificio de Chicago) o alquileres vacacionales de corta estancia (Airbnb y similares). Sin embargo, existen riesgos. Ser propietario de un Airbnb puede parecer una gran idea, pero, cuanto más corta sea la estancia, mayor será el riesgo (por ejemplo, un contrato de arrendamiento comercial de tres años ofrece más seguridad que las reservas irregulares de Airbnb).

▷ Una vez más: diversificación. Los bienes inmuebles añaden diversidad a una cartera de inversiones, lo que reduce el riesgo general. Sus movimientos de valor suelen ser independientes de las fluctuaciones del mercado bursátil.

▷ Los inversores inmobiliarios pueden beneficiarse de diversas deducciones fiscales, como los intereses hipotecarios, los impuestos sobre la propiedad y la depreciación. Además, la Sección 1031 del Código de Rentas Internas de EE. UU. permite aplazar los impuestos sobre las ganancias de capital y recuperar la depreciación al intercambiar propiedades de la misma naturaleza. (Hablaremos más sobre esto cuando abordemos las estrategias fiscales, sin duda uno de los aspectos más importantes, si no el más importante, de la planificación patrimonial).

▷ El valor de los inmuebles y los ingresos por alquiler suelen aumentar con la inflación, lo que preserva el poder adquisitivo y proporciona una protección frente a las presiones inflacionistas. Una vez más, existe una relación entre los impuestos elevados y las ganancias inmobiliarias.

▷ Los bienes inmuebles permiten el uso del apalancamiento, lo que significa que los inversores pueden pedir dinero prestado para comprar propiedades y así mejorar el rendimiento de la inversión.

▷ Los inversores inmobiliarios tienen control directo sobre sus inversiones. Pueden tomar decisiones sobre la gestión de las propiedades o las mejoras y las estrategias de arrendamiento para aumentar su valor. Para aquellos que disfrutan «jugando» con su cartera y el juego inmobiliario, esto puede ser muy divertido.

▷ Los bienes inmuebles son un activo estable que ayuda a preservar el patrimonio, especialmente durante las épocas de recesión económica. Son menos volátiles en comparación con las acciones y otros instrumentos financieros.

▷ Los bienes inmuebles pueden ser un componente importante de la planificación patrimonial y sucesoria, ya que permiten a las personas con un elevado patrimonio neto transmitir su riqueza a las generaciones futuras, a menudo con implicaciones fiscales favorables gracias al aumento del coste base.

▷ Volviendo al punto de partida, a diferencia de las acciones y los bonos, los bienes raíces son un activo físico y tangible que proporciona una sensación de seguridad y propiedad. Si bien a la mayoría de las personas adineradas (si no a todas) les encanta invertir en bienes raíces, ciertas culturas prefieren ir más allá: quieren «ver, tocar y sentir» la propiedad que poseen.

Si estás familiarizado con los servicios que prestan los asesores de inversión o los vendedores de productos financieros, puede resultarte extraño leer un libro en el que un asesor financiero ofrece a sus clientes consejos sobre el sector inmobiliario. Por eso Falcon Wealth Planning es tan singular. Nuestra misión es ayudar a nuestros clientes a aumentar su patrimonio neto, no solo las carteras que gestionamos. Especialmente en mercados con tipos de interés bajos, es importante centrarse en el sector inmobiliario, ya que es una pieza esencial para la creación de riqueza.

Los bienes raíces como inversión varían enormemente según el mercado. Por ejemplo, alguien podría comprar una propiedad en Newport Beach, California, en lugar de en Coeur d'Alene, Idaho. Aunque ambos son lugares maravillosos, uno es fantástico para alquileres a corto o largo plazo, mientras que el otro es más adecuado como segunda residencia.

He aquí un ejemplo cercano, aunque he modificado algún dato por privacidad. Un antiguo cliente vivía en la Costa Oeste, pero había adquirido una gran casa en Ohio. El hombre en cuestión tenía 37 años y aún le quedaba mucho para la la jubilación. Invirtió en una casa para diversificar su cartera. La vivienda que compró estaba en su ciudad natal y estaba pensada como su hogar para cuando se jubilara, a los 60 años. La reformó a su gusto, con acabados impresionantes, una cocina de chef, electrodomésticos de primera marca; todo lo necesario. Y luego... no hizo nada con ella. Se quedó vacía; se negó a alquilarla porque no quería que nadie más viviera en su preciosa casa para cuando se jubilara.

Mi trabajo consistió en decirle a mi cliente que esa no era una estrategia lógica. Era mi responsabilidad aconsejarle que lo que debía hacer era comprar una propiedad para alquilarla y obtener las deducciones fiscales correspondientes. Siempre podía aplicar la cláusula 1031 del Código de Rentas Internas a la casa en la que quería jubilarse, pero antes tendría que alquilarla durante dos años.[24] Con ese enfoque, obtendría la deducción fiscal completa y el flujo de caja. Esa, y no otra, es una estrategia para generar riqueza.

Creo que todo el mundo debería tener una propiedad en alquiler solo por esa razón. Y luego mudarse a ella, el lugar de sus sueños, cuando llegue el momento de jubilarse.

Como asesor patrimonial, una de las cosas que más me gusta de los bienes raíces es que exigen disciplina a mis clientes inversores más novatos. Es uno de los mejores vehículos para desarrollar riqueza. Alguien podría despertarse una mañana por capricho y decidir vender acciones. Podría (tontamente) pagar la penalización y sacar dinero de su plan 401(k) —plan de cara a la jubilación— para comprarse algún juguete nuevo y lujoso. Pero, por lo general, nadie puede despertarse una mañana y vender una casa al mediodía, ni siquiera en un mercado favorable para los vendedores.

Los bienes raíces no son líquidos. Mi definición de líquido, similar a la ley de valores, es que implica que el dinero se puede recuperar en un máximo de siete días. No se puede hacer eso con los bienes raíces. Incluso si se pudiera vender una casa en un día, hay inspecciones, cierres, etc. Esto requiere que los inversores se aferren a los bienes raíces y sean más conscientes de sus impulsos; así, pueden dejar que la propiedad se revalorice e ir madurando su cartera.

Este enfoque es excelente, como he dicho, para los inversores novatos. También es una inversión muy común para los extranjeros que desean invertir en Estados Unidos.

Tengo clientes que compran propiedades de cientos de millones de dólares, y nunca llegan a pisarlas. A mis clientes más adinerados solo les importa si las cifras cuadran. Otros, sin embargo, están obsesionados con su ciudad o su lugar de residencia, por lo que solo buscan inmuebles

• • • • • • • • • • • • • •

24. La cláusula 1031, o intercambio de igual a igual, es una disposición del Código de Rentas Internas de los Estados Unidos (Sección 1031) que permite a los inversores aplazar el pago de impuestos sobre las ganancias de capital por la venta de una propiedad de inversión si reinvierten los ingresos en una propiedad similar de igual o mayor valor. Se utiliza a menudo en el sector inmobiliario para permitir a los inversores seguir aumentando su inversión sin tener que hacer frente a una obligación fiscal inmediata.

que puedan ver y visitar cuando quieran. Bien por ellos. No quiero discutir con ellos y decirles que ese es un enfoque miope. Pero la gente acude a nosotros para salir de su zona de confort a la hora de invertir.

Voy a ir un paso más allá. Todo el mundo quiere ser un magnate inmobiliario. Tienen dos o tres propiedades en alquiler y creen que ya se lo saben todo. Siempre me gusta desafiarlos para ver si realmente quieren diversificar o prefieren poner todos sus huevos en el sector inmobiliario. Por ejemplo, algunos clientes solo tienen propiedades en alquiler, algunas de ellas viviendas unifamiliares. Quizás quieran considerar la posibilidad de adquirir condominios o viviendas de distinto tipo. Además, podrían cambiar de región e incluso de estado o país. O decantarse por la agricultura, el comercio, las oficinas o los almacenes. A mis clientes les digo que, si quieren diversificar, ¡que vayan a por todas! La cuestión es que algunas personas necesitan el asesoramiento de un profesional financiero, aunque no inviertan en acciones, sino en otras opciones de una cartera.

La otra pieza del rompecabezas inmobiliario es algo que no paro de decir: las estrategias fiscales son esenciales para crear riqueza. La depreciación inmobiliaria a efectos fiscales permite a los propietarios deducir una parte del coste de la vivienda cada año durante su vida útil (la amortización que he comentado anteriormente). Esto ayuda a tener en cuenta el desgaste, el deterioro o la obsolescencia de la propiedad. A continuación se ofrece una descripción general de cómo funciona:

▷ Solo se pueden depreciar las propiedades de inversión y las de alquiler, no las primeras viviendas.

▷ El terreno en sí no se puede depreciar, solo el edificio o las mejoras que se le hayan realizado.

▷ Es posible que también se tenga que restar el valor del terreno del precio total de compra para determinar la base amortizable del edificio.

▷ La base amortizable es generalmente el precio de compra de la propiedad, incluidas las mejoras y cualquier coste asociado, como los honorarios legales, los estudios topográficos y el seguro de título inmobiliario.

▷ El IRS —el órgano de control tributario de EE. UU.— exige el uso del Sistema Modificado de Recuperación Acelerada del Coste (MACRS, por sus siglas en inglés) para los bienes inmuebles.

▷ Según el MACRS, las propiedades residenciales en alquiler se amortizan en 27,5 años, mientras que las comerciales, en 39 años.

Calcular la depreciación implica varios posibles escenarios:
La «depreciación lineal» es el método más común, por el que se deduce la misma cantidad cada año. Para calcularla:

1. Determina la cantidad base ajustada de la propiedad (coste inicial menos el valor del terreno).
2. Divide esa cantidad entre la vida útil de la propiedad (27,5 o 39 años).
3. El resultado es la deducción por depreciación anual.

Ejemplo de cálculo:

Precio de compra de la propiedad	300 000 $
Valor del terreno	50 000 $
Base depreciable	300 000 $ – 50 000 $ = 250 000 $
Deducción por depreciación anual	250 000 $ / 27,5 = 9 090,91 $

El primer y último año de depreciación implica un enfoque diferente:

▷ La depreciación comienza cuando la propiedad se pone en servicio (cuando está disponible para alquilar).
▷ El primer y el último año suelen implicar deducciones prorrateadas, ya que es posible que no cubran un año completo.
▷ En términos fiscales, hay que tener en cuenta que la depreciación reduce los ingresos imponibles de la propiedad, lo que disminuye la obligación tributaria del propietario. Sin embargo, cuando se vende la propiedad, la depreciación acumulada se recupera y se grava como ingresos ordinarios hasta un límite determinado; cualquier ganancia adicional puede estar sujeta al impuesto sobre las ganancias de capital.

La solución puede ser una recuperación de la depreciación:

▷ En el momento de la venta, el IRS exige recuperar las deducciones por depreciación aplicadas, que se gravan a un tipo máximo del 25 %.
▷ Por ejemplo, si a lo largo de los años se reclaman 90 000 dólares en concepto de amortización, en el momento de la venta esa cantidad estará sujeta al impuesto de recuperación.

La depreciación puede ser un tema complejo, por lo que a menudo es conveniente consultar con un profesional fiscal (como Falcon Wealth Planning) para garantizar el cumplimiento de las normas del IRS y optimizar los beneficios fiscales. El sector inmobiliario es un tema muy amplio.

Artículos de lujo y joyería

Hay quienes desean invertir en relojes, joyas o diamantes, o bien en «juguetes» como yates o coches de alta gama.

Ten en cuenta que, a diferencia de las acciones, los bonos o incluso los bienes inmuebles, las joyas, los relojes y los diamantes no se liquidan fácilmente. La venta de estos artículos puede llevar mucho tiempo y es posible que no se encuentre un comprador cuando se quiera. Incluso si se logra, el proceso de venta suele implicar importantes costes de transacción. Además, cuando se compran joyas o relojes de elevado precio, a menudo se paga una prima significativa debido a las marcas, el nivel de artesanía y los márgenes comerciales. En el momento en que se compran estos artículos, suelen perder valor (como cuando se saca un coche del concesionario). Venderlos más tarde suele suponer un precio mucho más bajo que el que se paga en un primer momento.

El mercado de los artículos de lujo es muy volátil y está impulsado por las tendencias, la moda y la confianza de los consumidores. Lo que hoy tiene un gran valor puede que mañana no tenga demanda, lo que hace que sea difícil predecir su tendencia futura. Lo mismo podría decirse de los objetos de colección, las antigüedades y similares.

En lo que respecta a los «juguetes», ocurre lo mismo. He mencionado los yates y los coches: todos sabemos que en el momento en que el coche sale del concesionario, se deprecia. La salvedad aquí es que hay algunas personas muy ricas que disfrutan de sus juguetes (y debo decir que he visto algunos coches y barcos preciosos). Pero no los consideran inversiones y no diversifican sus carteras con ellos.

Conclusión

Los ricos entienden que los activos tangibles, desde los inmuebles y el oro hasta el arte y los metales preciosos, son algo más que símbolos de estatus. Representan otra forma de diversificación de su patrimonio, un tipo diferente de seguro contra la volatilidad del mercado. Mientras que el oro puede resultar atractivo para los reacios al riesgo y el arte para los ultrarricos, los inmuebles destacan como uno de los vehículos más poderosos para crear riqueza, ya que ofrecen ventajas fiscales, potencial de revalorización y la oportunidad de aprovecharse del sistema económico a través de las hipotecas.

Sin embargo, como con cualquier inversión, los ricos abordan estos activos tangibles de forma estratégica. Entienden que el oro no debe dominar una cartera, que el arte requiere una gran experiencia y conservación, y que el éxito inmobiliario exige un análisis cuidadoso del mercado y una planificación a largo plazo. No se trata solo de compras, sino de componentes muy analizados en una estrategia integral de creación de riqueza. Y así es, en última instancia, como los ricos se hacen más ricos.

CAPÍTULO 6
Los ricos prefieren el largo plazo

> **"**¿Cuántos millonarios conoces que se hayan hecho ricos invirtiendo en cuentas de ahorro? No tengo más que decir.
>
> ROBERT G. ALLEN

Al principio del libro conté que, de niño, me fascinaban las finanzas. De joven trabajé en un banco y pude observar los hábitos financieros de la gente con dinero. Por eso, empecé a invertir muy pronto, cuando cumplí 18 años, y pude tener mi propia cuenta. Invertí en mi primera empresa menos de treinta días después de alcanzar la mayoría de edad. Estaba cursando una asignatura de Economía y otra de Finanzas en el instituto e hice mis propias investigaciones. Una empresa que cotizaba en bolsa en aquel momento y que ya he mencionado, Wheaton Precious Metals, me llamó la atención. Creo que compré las acciones a unos tres dólares cada una y luego acabaron subiendo a unos treinta. Las mantuve un poco más y finalmente las vendí a noventa dólares. No hace falta decir que fue una inversión bastante buena.

Por supuesto, como inversor novato de 18 años, pensaba que lo tenía todo controlado (¿no pensamos todos así a los 18?). Estaba listo para conquistar el mercado de valores, pero mi siguiente inversión fracasó estrepitosamente. Aproveché la situación como una lección que me permitió, tiempo después, dedicarme en cuerpo y alma a ayudar a mis clientes a crear riqueza.

En lo que respecta a las inversiones, recuerdo una visita de trabajo. Era octubre de 2008 y me encontraba en Wall Street, probablemente en uno de los momentos más desquiciados de la historia de las bolsas de valores. Se dice que, «cuando el limpiabotas empieza a hablar de una acción, es hora de venderla». Aprendí todo lo que pude y descubrí que los tiempos turbulentos no me causaban ansiedad. Me motivaba resolver problemas. Esta experiencia me permitió comprender que para cada problema había una solución. Un especialista que había en la bolsa me ayudó a darme cuenta de que mi vocación era ayudar a las personas no solo con las inversiones, sino también con su situación financiera real. Las finanzas personales, en mi opinión, son más personales que las finanzas a secas.

Con el tiempo, aprendí dos hábitos fundamentales de los ricos y de sus ideas para tener éxito en las inversiones. El primero es la disciplina; lo es todo en las inversiones.

La disciplina ayuda a los inversores a ceñirse a sus estrategias de inversión y a evitar tomar decisiones impulsivas basadas en emociones como el miedo o la codicia. Esta coherencia es fundamental para el éxito a largo plazo. Otra razón por la que la gente contrata a Falcon Wealth Planning es porque nunca nos dejamos llevar por las emociones; basamos nuestras decisiones en un profundo conocimiento, análisis y disciplina. Un enfoque disciplinado incluye establecer y cumplir las normas de gestión de riesgos frente al miedo o la codicia. Esto significa asumir solo riesgos que se ajusten a la tolerancia y los objetivos de inversión del cliente.

Para mí, la disciplina es un poco como el mejor surfista del mundo en la cresta de grandes olas. Los mercados pueden ser muy volátiles. Los inversores disciplinados están mejor preparados para manejar las fluctuaciones del mercado sin entrar en pánico, evitando así el error común de comprar caro y vender barato. Surfean por las aguas turbulentas con habilidad, no sobre la base de las emociones, y evitan naufragar.

Este capítulo trata sobre jugar a largo plazo. La disciplina ayuda a los inversores a mantenerse centrados en sus objetivos a largo plazo en lugar de dejarse llevar por los movimientos del mercado a corto plazo. Esto es esencial para crear riqueza con el tiempo. La disciplina significa no ir como un cuervo, en busca del próximo objeto brillante y llamativo. Evita subirte al primer carro que pase invirtiendo en las últimas acciones de moda si no se ajustan a tus objetivos o a tu cartera.

La disciplina también evita el exceso de operaciones. Probablemente todos conocemos a alguien que al menos ha probado el *day trading* o que opera sin parar. El exceso de operaciones bursátiles, a menudo denominado *overtrading*, se considera generalmente una mala estrategia de inversión por varias razones:

▷ Altos costes de transacción.
▷ Implicaciones fiscales.
▷ Toma de decisiones basada en emociones, que puede dar lugar a comprar caro y vender barato, lo que es contraproducente para una inversión de éxito.
▷ Dificultades para predecir el comportamiento del mercado.
▷ Gran riesgo por el cambio constante de posiciones.
▷ Problemas de alteración de la cartera/asignación de activos.
▷ Rendimiento inferior durante mercados bajistas pronunciados y mercados alcistas potenciales.

Una estrategia de inversión a largo plazo más disciplinada, centrada en el análisis y en mantener una cartera bien diversificada, suele ser más eficaz para alcanzar los objetivos financieros.

La disciplina es mi especialidad. Cuando invierto, no es mi dinero. Por lo tanto, no voy a empezar a imaginarme comprando una nueva casa si las acciones están subiendo. La codicia no entra en la ecuación. Tampoco pienso, ante la primera caída: «¡Vende! ¡Vende! ¡Vende! ¡Esto no va a parar!». El pánico tampoco entra en escena. Nuestro trabajo es hacer ganar dinero a nuestros clientes. Si ganan un 10%, nosotros ganamos un 10%, lo que significa que estamos en el mismo bando. Lo mismo ocurre con las pérdidas. Si nuestros clientes pierden un 10%, nosotros también (y gestionamos miles de millones de dólares, lo que puede afectarnos mucho). Dicho esto, hemos de reconocer que somos malos perdedores. Y, como es de esperar, nuestros clientes también lo son. Esto hace que la relación sea muy saludable.

El segundo principio básico de la inversión puede que no sea lo que esperas oír. Se trata de estar al tanto de las noticias. Las noticias corren como la pólvora, a golpe de entretenimiento y *clickbait*, junto con una buena dosis de desinformación y sesgos. Pero, para que quede claro, cuando digo «las noticias», no me refiero a sintonizar el telediario de la noche, ni siquiera a tener la CNBC todo el día en la televisión. Las noticias pueden tener efectos significativos en los precios de las acciones, los tipos de interés y la confianza del mercado. Las noticias incluyen indicadores económicos, como las tasas de empleo, el crecimiento del PIB, la inflación y la confianza de los consumidores, todo lo cual puede influir en las tendencias del mercado y las decisiones de inversión.

Más allá de eso, las noticias corporativas, como los informes de resultados, las fusiones y adquisiciones, los lanzamientos de productos y otras actividades empresariales, pueden afectar al precio de las acciones de una compañía. Los analistas que trabajan con nosotros se aseguran de que nuestro equipo conoce la información más reciente sobre las empresas estadounidenses.

También hacemos un seguimiento de los acontecimientos políticos, los conflictos internacionales, las negociaciones comerciales y los cambios normativos, que pueden generar volatilidad en los mercados, así como en las tendencias del sector. Los mercados financieros están interconectados a nivel mundial. El mundo es un lugar enorme, pero la velocidad a la que viaja la información lo convierte también en un lugar pequeño. Las noticias procedentes de una parte del mundo pueden tener un efecto dominó en otros mercados.

Por último, los ricos pagan por el conocimiento (sigo llamándolo tener «cerebro»). Esperan que yo y todo mi equipo estemos bien informados y seamos expertos en la materia. Ese es nuestro trabajo. Por eso, todos los empleados de Falcon Wealth Planning cobran un salario. No intentan ganar comisiones, sino asegurarse de que todos estemos al tanto de los acontecimientos, grandes y pequeños, que afectan al mundo financiero. Mantenernos al día con las noticias refuerza la confianza de nuestros clientes y garantiza que podamos tomar decisiones en tiempo real.

La mentalidad a largo plazo

Los ricos prefieren el largo plazo, lo que tiene dos aspectos importantes. Uno consiste en retrasar la gratificación (disciplina), ahorrar (más disciplina) y mirar hacia el futuro en lugar de hacia el próximo objeto brillante que puedan querer comprarse. El segundo consiste en invertir, porque una cuenta de ahorros no es mucho mejor que enterrar el dinero en frascos en el jardín.

La primera parte, de nuevo, vuelve al tema del ahorro. Aunque los ricos pueden disfrutar de sus juguetes, los más inteligentes tienen sus «porqués»; también, un objetivo a largo plazo de libertad financiera. Más adelante en la vida, si trabajan, es porque les apasiona su negocio, su carrera o su próxima empresa emergente, no porque tengan una mala planificación patrimonial y malos consejos de inversión de corredores que intentan aprovecharse de ellos.

En términos de largo plazo e inversión, los ricos también quieren que su dinero trabaje para ellos. No les gusta que esté parado en una cuenta bancaria. El dinero ocioso es dinero muerto. Si bien todas las personas deben reservar un fondo de emergencia (como una cuenta de ahorros), estos fondos no contribuyen en nada a mejorar el futuro financiero. Ofrecen tasas de interés bajas, que por lo general no se ajustan a la inflación, y un potencial de crecimiento nulo o limitado.

Warren Buffett sabe que hay que poner el dinero a trabajar. Y la inversión más fácil y pasiva que Warren Buffett vio fue el mercado de valores.

Veamos algunos aspectos básicos de invertir:

▷ **Diversifica tu cartera**. Como has leído en el capítulo anterior, los bienes inmuebles, como el sector inmobiliario, el oro y el arte, en los que invierten los muy ricos para diversificar, son un tipo diferente de seguro. No es un plan que compensa si falleces, sino una forma de seguro contra la volatilidad en otra área de tu cartera. Algunos quieren el tipo de seguridad que les permita huir y mudarse a otro país si las cosas se ponen feas. Lo resume bien el viejo dicho de «no pongas todos los huevos en la misma cesta». Distribuye las inversiones entre varias clases de activos (acciones, bonos, bienes inmuebles, etc.) para mitigar el riesgo.

▷ **Sé consciente de tu tolerancia al riesgo.** Cuando me reúno con mis clientes, les ayudo a evaluar cuánto riesgo pueden asumir. Las opciones de inversión deben ajustarse a su nivel de comodidad y a sus objetivos financieros.

A veces, tengo clientes que están más que bien en términos de salud financiera. Pero se preocupan. Les digo que me dejen hacerlo a mí (solo que yo no me preocupo porque sé lo que hago).

«Riesgo frente a recompensa» es una frase que todos hemos oído. La razón por la que la saco a colación es porque los ricos juegan de forma diferente en el mercado de valores. Juegan de forma diferente en el mercado inmobiliario. Juegan de forma diferente en todo, y yo también, como su socio en el desarrollo de su patrimonio.

Anteriormente hemos hablado de la relación emocional que tienen las personas con el dinero y las finanzas. A veces pregunto a inversores muy conservadores qué imaginan cuando piensan en el mercado de valores. Las personas reacias al riesgo suelen citar la caída del mercado de valores de 1929 y, si son *baby boomers*, es probable que en el colegio les enseñaran que hubo gente que se tiró por las ventanas en Wall Street.

Cuando se les pregunta sobre el mercado de valores, aquellos que se sienten cómodos con el riesgo dicen que imaginan una oportunidad.

Lo que le digo a la gente es que, si inviertes todo tu dinero en, por ejemplo, Tesla y le va muy bien, entonces obtienes beneficios. Pero el hecho de que a Tesla le vaya muy bien hoy no significa que le vaya a ir bien mañana. Por lo tanto, invertir de forma agresiva en una sola empresa, y sobre todo en unas pocas acciones, es muy arriesgado y nada recomendable.

Sin embargo, si inviertes el dinero en los índices bursátiles —el S&P 500, el Nasdaq, el Russell 2000—, estos no pueden llegar a cero. Es decir, podrían, pero eso crearía un caos mundial y las economías del mundo no lo permitirían. Ahora comparemos eso con lo que ocurriría si una sola empresa quebrara. Las condiciones de 1929 eran tan diferentes en cuanto al funcionamiento del mercado bursátil que sería muy improbable que eso volviera a ocurrir hoy en día.

Desde la aprobación de las Leyes de Valores de 1933 y 1934, no creo que pueda volver a producirse una gran depresión. En aquel entonces, cualquiera podía decir que su empresa estaba obteniendo beneficios. Podían hacer cualquier afirmación para atraer a los inversores. Ahora existen requisitos de información, la Comisión de Bolsa y Valores de EE. UU. (SEC, por sus siglas en inglés) y obligaciones de divulgación. Por eso los ricos invierten en el mercado de valores: ha resistido el paso del tiempo. En el gráfico siguiente se puede ver que, independientemente de los titulares, los mercados, la economía y la gente son resistentes y prosperan de una manera sin precedentes.

Los mercados han recompensado la disciplina

Crecimiento del índice mundial dólar-MSC (dividendos netos)

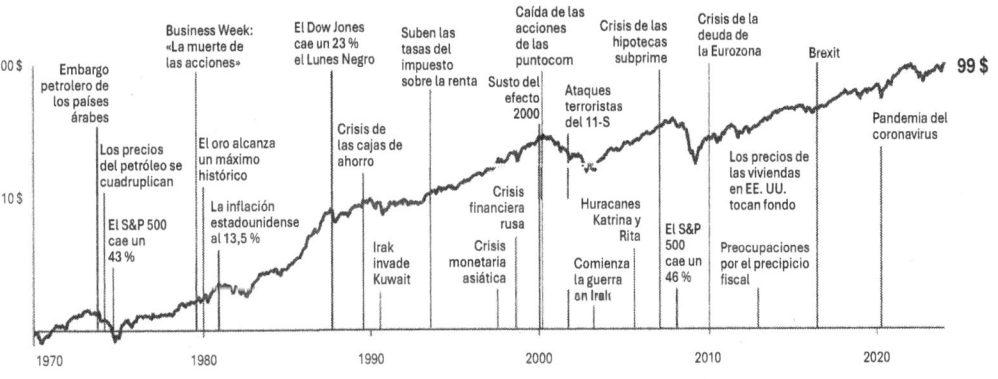

Un inversor disciplinado mira más allá de las preocupaciones de hoy: hacia el potencial de crecimiento a largo plazo de los mercados

Y sí, muchos recordamos la dolorosa crisis financiera mundial de 2008, pero ¿adivinas qué hacen los ricos cuando las acciones caen en picado? ¡Comprar!

Por supuesto que hay otras inversiones. Los bienes raíces (que tratamos en el capítulo 5) son una de ellas. En general, estas son una inversión espectacular, pero también hay que comprender los riesgos que conllevan. Imagina, por ejemplo, que eres un inversor inmobiliario novato y has invertido todos tus ahorros en comprar una casa para alquilarla. Si tu inquilino destroza la vivienda y decide no pagarte el alquiler, en algunos estados (como Nueva York y California) podrían pasar incluso meses hasta que consigas desalojarlo. Sin embargo, tienes que seguir pagando la hipoteca. Por lo tanto, no todas las inversiones son iguales y, de hecho, todas conllevan un elemento de riesgo.

Por eso, cuando se trata de invertir, recomiendo encarecidamente trabajar con un profesional, ya que todos sabemos lo que puede pasar.

Invierte a largo plazo. Evita la tentación de obtener ganancias rápidas mediante los movimientos del mercado en el día a día. Las inversiones a largo plazo tienden a generar mejores rendimientos y reducen el impacto de la volatilidad a corto plazo. Recuerda que los ricos prefieren el largo plazo. Citando de nuevo a Warren Buffett, su periodo favorito para las inversiones es «para siempre».[25] Es importante señalar que, cuando Buffett compra una acción, forma parte de la junta directiva de la empresa y obtiene información directa sobre las operaciones. Esto lo diferencia del resto, ya que en nuestro caso somos inversores puramente pasivos y no tenemos voz ni voto en las operaciones comerciales. Por lo tanto, es posible que el «para siempre» no nos funcione como le funciona al señor Buffett. Invertir en índices como el S&P 500 te proporcionará un rendimiento constante. A la hora de calcular el momento adecuado para entrar en el mercado, una decisión equivocada puede eliminar todos los rendimientos positivos obtenidos durante años.

Mantente informado. Procura estar al tanto de las tendencias del mercado, las noticias económicas y los cambios en los productos de inversión. Un inversor informado puede tomar mejores decisiones. O asóciate con alguien que lo haga por ti (¡yo lo hago por mis clientes! A algunos de ellos les gusta ver los muchos ceros de su cuenta una vez al trimestre, lo que no tiene nada de malo. Y también tengo clientes bien informados a los que les gusta hablar del mercado, lo que también está bien).

Reequilibra tu cartera. Mis clientes y yo revisamos y ajustamos de manera regular sus carteras para asegurarnos de que sigan estando en consonancia con sus objetivos de inversión y su tolerancia al riesgo. Esto les garantiza mantener la distribución de activos deseada. También se pueden asegurar las ganancias. El reequilibrio permite aprove-

• • • • • • • • • • • • • •

25. Brian Dolan, «Investing Rules the Legendary Warren Buffett Lives By», Investopedia, consultado el 1 de noviembre de 2024, https://www.investopedia.com/financial-edge/0210/rules-that-warren-buffett-lives-by.aspx.

char las oportunidades del mercado, ya que está diseñado esencialmente para vender siempre caro y comprar barato.

Invertir y desinvertir. Al igual que el reequilibrio de cartera, un fenómeno muy común entre mis clientes más acaudalados es que pasan por etapas de inversión y desinversión. En el capítulo 1 hablamos de los diferentes tipos de personas ricas. Esto es diferente. Se trata más bien de las etapas de la riqueza.

He observado que muchos de mis clientes parecen pasar los primeros veinte años desde que empiezan a acumular riqueza haciendo acopio de todas estas cosas. No me refiero a juguetes (aunque también los tienen). Me refiero a inversiones o bienes inmuebles. Tienen una casa principal donde pasan la mayor parte de su vida, pero pueden tener una casa de esquí en Denver, otra en la playa en Malibú, una inversión empresarial aquí, otra inversión allá, una cuenta de inversión en otro lugar (a menudo varias inversiones y cuentas privadas).

Suena emocionante. Pero, de repente, un día se despiertan y se dan cuenta de que todo es demasiado complicado. Tienen setenta y cinco domiciliaciones mensuales en su cuenta. Ni siquiera pueden recordar todo lo que poseen.

Recuerdo a un cliente que vino a su primera reunión conmigo. Después de horas explicando e investigando los detalles de sus activos, me dijo: «¿Qué demonios, Gabriel? ¡Ayúdame! Si me atropella un autobús, ¿quién va a hacerse cargo de todo esto?».

Estos clientes, ahora muy ricos, pasan los siguientes veinte años simplificando su vida.

Hay un par de aspectos que hay que tener en cuenta en esta etapa de desinversión. En primer lugar, estas personas se dan cuenta de que necesitan un socio. Sus activos son ahora demasiado difíciles de gestionar. Este socio podría ser un abogado especializado en sucesiones, un planificador financiero u otro profesional similar, o un especialista en impuestos. Incluso podrían ser varios asesores o socios. Un equipo. Pero lo importante es que todos deben trabajar juntos y que el cliente debe tener un líder. Las finanzas y las inversiones del cliente también deben funcionar en conjunto. Si no es así, podría haber redundancias, riesgos adicionales e incluso costes innecesariamente altos.

A continuación, suelen consolidar todos los diferentes activos que tienen fuera de su alcance. Por ejemplo, tuve un cliente con diez propiedades de alquiler valoradas en medio millón de dólares cada una.

Así que se aplicó la cláusula 1031 a algunas de estas propiedades y se tomó la decisión de deshacerse de algunas de ellas para que conllevaran un estado fiscal más favorable. En otras palabras, empiezan a examinar con más detenimiento sus inversiones y a analizarlas para decidir si quieren conservarlas.

También he visto a clientes simplificarse la vida vendiendo algunas propiedades de alquiler o inversiones que les hacían perder dinero. Deshacerse de los lastres de la cartera tiene más sentido que lidiar con las pérdidas continuas y las complicaciones de mantenerlas innecesariamente.

También veo a menudo este fenómeno cuando alguien vende su *start-up* o negocio. Es posible que haya estado trabajando duro durante años y, de repente, gane más dinero del que jamás hubiera imaginado. Entonces se vuelve loco durante un tiempo y empieza a acumular cosas: casas, coches, viajes..., todas esas cosas que no pudo disfrutar porque estaba trabajando sin descanso. Algunos incluso llegan a decir: «¿Qué he estado haciendo?».

Este tipo de personas se han gastado el 50 % de sus activos y aún les quedan muchas décadas por delante. Los llamaremos ricos estúpidos.

Ellos también llegan a un punto en el que se dan cuenta de que deshacerse de cosas hará que su vida sea más agradable: «menos es más».

Ten en cuenta las implicaciones fiscales. Una de las muchas razones por las que bastante gente recurre a mi empresa como socio en su camino hacia la riqueza es que entendemos de qué van los impuestos. Aquellos que acuden al típico planificador financiero que vende productos, y no conocimientos, recibirán un breve resumen de la letra pequeña de las implicaciones fiscales de, por ejemplo, una retirada anticipada de una cuenta Roth IRA (es decir, algo que cualquiera podría buscar en Google). Para comprender verdaderamente las consecuencias fiscales de tus inversiones, necesitas un socio de verdad, alguien que sepa cómo manejar las cuentas y estrategias con ventajas fiscales para reducir la carga impositiva. Recuerda: los impuestos son uno de los mayores retos y gastos en el camino hacia la libertad financiera. No comprender algunas de las formas de aplazar o evitar los impuestos, tanto para ti como para tus herederos, puede llegar a costar sumas incalculables de dinero cada año.

En breve hablaremos de la inversión en acciones individuales, que en ocasiones es una estrategia fiscal, ya que pueden ofrecer ventajas fiscales, como la posibilidad de compensar las ganancias de capital con las pérdidas de capital. Los inversores también pueden controlar el momento de sus decisiones de compra y venta para gestionar eficazmente sus obligaciones fiscales.

Mantén la disciplina. Este es uno de los mantras más repetidos en este libro. Cíñete a tu plan de inversión, incluso durante las épocas de caídas del mercado. Se trata de un juego a largo plazo. Las decisiones emocionales suelen conducir a malos resultados de inversión. Una vez más, esta es la razón por la que la gente decide trabajar con un profesional. Somos la voz de la razón para los clientes y ellos saben que nos preocupamos por su situación. Por eso, cuando los animamos a ceñirse al plan, saben que es porque queremos ayudarles a centrarse en el largo plazo.

Invierte en lo que conoces. Considera invertir en industrias o sectores que conozcas bien. La familiaridad con una industria puede proporcionar información valiosa y reducir el riesgo de inversión. A los ricos les encantan las acciones individuales. No, no hay que poner todos los huevos en la misma cesta (¡diversificación, diversificación, diversificación!), pero comprar acciones individuales en ámbitos de confianza es una herramienta poderosa en tu camino hacia la libertad financiera.

Las acciones individuales pueden ofrecer rendimientos significativos, especialmente si el inversor elige una empresa que experimenta un crecimiento sustancial (una vez más, ser un experto en la materia o conocer el sector o la empresa resulta útil). A diferencia de los fondos de inversión o los fondos cotizados en bolsa (ETF, por sus siglas en inglés), el rendimiento de las acciones individuales no se ve diluido por el rendimiento de otros activos de la cartera. Por eso también es muy importante elegir la clase de activos adecuada en la que invertir, ya que existen miles de fondos de inversión y ETF. No hay dos iguales.

Los ricos a veces compran acciones individuales de las empresas de la lista Fortune 500, compañías que todos conocemos, como Apple, Microsoft, Google, etc. A algunos les gusta especialmente invertir en acciones individuales porque les permite elegir en función de sus preferencias específicas, su tolerancia al riesgo y sus objetivos de inversión, así como con relación a sus valores. Tengo clientes que eligen invertir en empresas con determinadas iniciativas medioambientales, sociales, de gobernanza o de inversión socialmente responsable, mientras que otros pueden elegir una empresa porque realmente creen en el producto y en la forma en que se gestiona.

También conozco a padres adinerados que recurren a la selección de acciones individuales como herramienta de aprendizaje para sus hijos. Les enseñan a investigar el mundo de las acciones y a seguir su rendimiento, y pueden abrirles una cuenta que gestionan los padres, pero en la que son los hijos quienes seleccionan las acciones.

Es importante recordar que, cuando se invierte a largo plazo, algunas acciones individuales proporcionan dividendos, lo que puede ofrecer una fuente de ingresos regular además de las ganancias de capital. Invertir en acciones que pagan dividendos puede ser una buena estrategia para generar ingresos pasivos. Sin embargo, nunca cometas el error de perseguir el rendimiento. Algunas personas pueden comprar acciones que pagan un 10 % de dividendos, pero pueden haber perdido un 10 % en los últimos cinco años, frente a un mercado que podría haberse duplicado. Fíjate en la rentabilidad total de tu cartera, no solo en los dividendos.

En resumen, las personas pueden hacerse ricas con acciones individuales, pero se mantienen con la diversificación.

Miedos a la hora de invertir

Como he dicho, una de las razones por las que es estupendo tener un socio es que se evita estar emocionalmente involucrado en el dinero de quien invierte. Me baso en hechos. Dicho esto, muchos sufren una enorme ansiedad por el dinero, derivada de la incertidumbre, el «qué pasaría si...».

Pero el miedo suele ser irracional. Piensa en un niño que tiene miedo al monstruo del armario. Puedes hacer todo lo que esté en tu mano para demostrarle que está a salvo, pero todos sabemos lo que pasa dos minutos después.

«¡Papá! ¡Hay un monstruo en mi armario!».

A veces tengo clientes que son igual de ilógicos cuando se trata del monstruo de la inversión. Comparto dos ejemplos.

A un señor con el que trabajé le ofrecieron una línea de crédito de tres millones de dólares sin intereses durante un periodo de dos años (¿quién no lo querría?).

Pues bien, resulta que mi cliente no lo quería. En ese momento, la inversión más segura era obtener un 3,5 % en letras del Tesoro de

EE. UU. Podría haber tomado el dinero y ganar un 3,5 % con él. Pero tenía demasiado miedo al riesgo; un riesgo inexistente, por cierto. Era solo un hombre del saco, nada real.

En otra ocasión, un cliente quería liquidar una hipoteca al 2,5 %, lo que, desde el punto de vista impositivo, equivalía más bien a un préstamo al 1,2 % a favor de mi cliente. ¿Por qué alguien querría liquidar una hipoteca con esas condiciones? El hecho de que se pueda liquidar no significa que se deba hacer. Sobre todo cuando aún quedan veintisiete años para terminar de pagarla.

Ahora bien, para ser justos, algunas culturas o religiones desprecian las deudas y nada de lo que yo pueda decir convencerá a los clientes con esta mentalidad de que las deudas pueden ser una herramienta poderosa para la acumulación de riqueza. Hablaremos de ello en el capítulo 10, sobre sentirse incómodo.

En este caso, sin embargo, para demostrar mi punto de vista al cliente que quería pagar la hipoteca, y a su cónyuge, los llevé a mi oficina. La esposa lo entendió, pero su marido insistía obstinadamente en pagarla. Le dije:

—¿Sabes lo que voy a hacer? Transferiré el dinero de tu cuenta de corretaje y pagaré tu hipoteca, hipotéticamente hablando, quiero decir. Dejaré el dinero en tu cuenta y haré los pagos de la hipoteca en tu nombre. No te enterarás de nada. Pero, en realidad, voy a invertir tu dinero tal y como te estoy diciendo que lo hagas. Luego me quedaré con el dinero que habría ganado si me hubieras hecho caso desde un principio.

Para entonces, me miraba desconcertado.

Sonreí y le dije:

—Esto es lo que voy a hacer. Voy a invitaros a ti y a tu esposa a una cena agradable y podéis pedir lo más caro del menú. Pedid caviar, langosta, filetes chateaubriand, el Sassicaia 2007 de la Toscana. Después de la cena, elegid el whisky más caro. Brindaré por vosotros también. Queremos que la cuenta ascienda a entre cinco y diez mil dólares. La mejor comida que cualquiera de nosotros haya probado jamás.

Ahora parecía aún más confundido.

—¿Y sabes qué? —le dije—. Voy a ganar diez veces más con tu dinero y no sabrás cómo.

Prácticamente estaba balbuceando.

—¿Legalmente?

Sonreí para que supiera que estaba bromeando.

—Voy a tomar el dinero y lo voy a invertir en una cartera diversificada en lugar de pagar la hipoteca. Voy a hacer los pagos con esa cuenta y eso va a sufragar mi estilo de vida. Me va a reportar muchas veces más de lo que habrías desperdiciado pagando una hipoteca con un tipo de interés bajo.

En ese momento, lo entendió. A veces, tengo que ser creativo. Me preocupo tanto que mi conciencia no me permite permitir que alguien tome una decisión financiera tan imprudente, tan solo basada en el miedo.

Solía decir que estaba en un pulso con algunos de mis clientes. En realidad, no me gusta la metáfora del pulso. Así que ahora digo que es más como el *jiu-jitsu*: utilizo el impulso del rival para demostrarle que debe adoptar una mentalidad más abierta.

Liquidez e inversión

Hay diferentes tipos de inversiones: en el capítulo 5 hablamos de bienes tangibles como el oro, el arte y los inmuebles. Sin embargo, una de las razones por las que a los inversores más inteligentes les gusta invertir en acciones es porque son líquidas. Los emprendedores y los empresarios entienden de qué va la liquidez. Si ocurre lo que todos sabemos que puede ocurrir, si se produce una demanda, si se produce una adquisición, si surge una oportunidad, si se pone a la venta un edificio para su negocio, quieren estar en condiciones de poder actuar al instante.

A nivel mundial, las acciones son respetadas como una de las formas de dinero más líquidas, aparte del efectivo. Antes de seguir hablando de la liquidez, hablemos brevemente del efectivo.

Alguien que tenga un negocio basado en efectivo, incluso la persona más honesta del mundo, tendrá dificultades para comprar una casa de un millón de dólares solo en metálico. A menos que tenga una buena relación con el banco, supone un riesgo demasiado grande.

Por lo tanto, es una falacia que el efectivo sea un activo líquido. Bueno, en realidad lo es, pero puede resultar poco manejable para las grandes transacciones. Por ejemplo, no se puede ir a un concesionario de automóviles y pagar un coche nuevo con 50 000 dólares en efectivo ni comprar una casa de 1 000 000 de dólares. Por lo tanto, las acciones son la inversión más inteligente. Las acciones son fácilmente líquidas porque se invierte en ellas, se venden, la venta aparece en la cuenta de corretaje y se pueden transferir las ganancias a donde se desee.

La liquidez financiera se refiere a la facilidad con la que un activo puede convertirse rápidamente en efectivo sin afectar de manera significativa a su precio de mercado. Es un concepto clave en las finanzas e incluye lo siguiente:

▷ **Facilidad de conversión**. La liquidez mide la rapidez y facilidad con la que un activo puede convertirse en efectivo. Los activos altamente líquidos, como el propio efectivo, pueden utilizarse para realizar transacciones (a menos que se trate de 10 millones de dólares de tu negocio). Los activos menos líquidos, como los inmuebles o ciertos tipos de bonos, pueden tardar más tiempo en venderse y convertirse en efectivo.

▷ **Impacto en el precio de mercado**. Un activo líquido puede venderse en poco tiempo sin provocar un cambio significativo en su precio. Por el contrario, la venta de una gran cantidad de un activo no líquido en ocasiones requiere aceptar un precio más bajo para encontrar un comprador, lo que puede afectar de manera significativa al valor de mercado del activo.

▷ **Liquidez del mercado**. Se refiere a la liquidez general de un mercado, que indica la rapidez y eficiencia con la que se pueden comprar o vender activos. Los mercados altamente líquidos, como las principales bolsas de valores (¡lo has adivinado!), tienen un alto volumen de transacciones y estrechos diferenciales entre el precio de compra y el de venta, lo que facilita la negociación. Los mercados no líquidos, por otro lado, tienen volúmenes de negociación más bajos y diferenciales más amplios entre el precio de compra y el de venta.

Cómo invierten los ricos

Normalmente veo que los ricos invierten más del 50 % de su patrimonio líquido en el mercado de valores. A quienes nos preguntan qué haríamos nosotros, les recomendamos una cartera de índices estadounidenses. Se oye hablar constantemente del S&P 500, pero ese índice solo incluye empresas estadounidenses de gran capitalización. También hay empresas de mediana y pequeña capitalización. El tamaño se refiere a la capitalización bursátil. Se trata del total de acciones en circulación multiplicado por el precio de la acción, lo que da el valor total de la empresa. Por lo tanto, en el caso de EE. UU., lo ideal sería invertir en todas las clases de activos del país, no solo en el S&P 500. Eso también incluye a la inversión internacional. Hay mercados desarrollados, como los del Reino Unido, Francia, Alemania, Japón, etc., que también tienen su propia gran capitalización, mediana capitalización y pequeña capitalización.

También hay mercados emergentes, como los de China, la India, Brasil o Corea del Sur. Es el mismo concepto que con las empresas de gran, mediana y pequeña capitalización, excepto que estas clases de activos deberían tener una trayectoria de crecimiento más alta, lo que no siempre significa que tengan un mayor potencial de rendimiento.

Además de todas estas opciones de renta variable, existen sectores dentro de los mercados de renta variable. Hay múltiples industrias en las que también se puede optar por invertir, como la tecnología, las finanzas, la salud, la energía, etc. Las clases de activos mencionadas tienen lugar en todos estos sectores. Pero, si se optara por esa vía, se deberían priorizar las empresas de gran capitalización.

Luego están los bonos, que se pueden dividir en bonos a largo plazo, a medio plazo y a corto plazo. Estos son los estabilizadores de la cartera, pues proporcionan unos ingresos más estables. Lo que la mayoría de la gente no sabe es que algunos clientes pueden optar por mercados privados, que también tienen una gran exposición y potencial de rentabilidad. La desventaja es que estos implican opciones menos líquidas en comparación con la liquidez diaria (como los bonos normales), ya que pueden tener un tipo de liquidez trimestral.

Puede haber limitaciones a la hora de invertir, ya que ciertas inversiones requieren de profesionales acreditados, o se necesitan un millón de dólares líquidos, o incluso compradores cualificados, o bien cinco millones de dólares líquidos. La cuestión es que los ricos no confían ciegamente en un asesor y ciertas inversiones tienen una mayor tolerancia al riesgo. Estas personas invierten de forma estratégica su dinero para que les reporte beneficios y utilizan una estrategia que haya funcionado en todo tipo de mercados. Lo que he destacado es lo que veo que hacen los inversores ricos más inteligentes el 80% de las veces. A pesar de lo que se ve en las redes sociales, el S&P 500 es excelente hasta que deja de serlo. No se puede invertir todo el dinero en ese fondo.

Conclusión

En última instancia, lo que espero que este capítulo haya demostrado es que invertir es el único camino hacia la riqueza. Lo que tengas debajo del colchón se va a quedar ahí (a menos que te roben). Una cuenta de ahorros ofrece rendimientos lamentables. E invertir significa que tu dinero ya no está inactivo. Está trabajando para ti. Y por eso los ricos se hacen más ricos.

CAPÍTULO 7

Los ricos son dueños de negocios

> **"**En el mundo de los negocios, las personas que más éxito tienen son aquellas que hacen lo que les gusta.
>
> WARREN BUFFETT

Los propietarios de negocios suelen ser personas apasionadas que también quieren controlar su propio destino. Conozco a emprendedores que cuentan historias sobre cómo fueron despedidos cuando tenían un trabajo por cuenta ajena y, como nunca más quisieron volver a una situación laboral similar, fundaron su propia empresa. Otros están obsesionados con una «gran idea», que casi siempre surge de su intento de resolver un problema para el usuario o para el mundo.

El espíritu emprendedor es esencial para la economía mundial. De los nuevos multimillonarios, el 90 % se han hecho a sí mismos.[26] En todo el mundo hay más de 500 millones de emprendedores.[27] En el último censo, se registraron más de cinco millones de nuevas empresas solo en Estados Unidos. Ser propietario de un negocio es un camino hacia la riqueza y la libertad financiera.

Sin embargo, los emprendedores se encuentran en situaciones financieras únicas, pues se enfrentan a cuestiones como la planificación de la sucesión o la preparación para una fusión o adquisición. También observo que trabajan más horas, especialmente en situaciones en las que tienen que abordar la puesta en marcha de algún proyecto. ¿Por qué? Porque tienen esa visión. Tienen la pasión, la motivación, todas las características que asociamos con los emprendedores de éxito. También tienden a ser intrépidos, porque iniciar un negocio suele significar renunciar a una situación de seguridad para intentar alcanzar otra de grandeza.

Debo hacer una pausa para decir que hay muchos tipos de propiedad empresarial. El propietario de una pequeña empresa es fundamental para el éxito de esta y muy a menudo las cuestiones de sucesión son complicadas. Por ejemplo, el propietario de un restaurante al que le va muy bien puede descubrir que sus hijos no tienen ningún interés en dedicarse al agotador negocio de la restauración. Pero, si le ocurre algo a ese propietario, el personal seguirá necesitando cobrar, habrá que seguir pagando el alquiler del local, etc.

Por otro lado, entre los fundadores multimillonarios, algunos crean una empresa importante en la que, si les atropella el proverbial

••••••••••••••
26. Dragomir Simovic, «39 Entrepreneur Statistics You Need to Know in 2024», 6 de febrero de 2024, https://www.smallbizgenius.net/by-the-numbers/entrepreneur-statistics/.
27. Simovic, «39 Entrepreneur Statistics».

autobús, la compañía seguirá funcionando a la perfección. La supervivencia de la empresa está asegurada. Algunas, como Apple, siguen adelante a pesar de la pérdida de sus emblemáticos fundadores.

Veamos, pues, lo que les suponen a los emprendedores las cuestiones específicas de la planificación patrimonial.

Los ricos saben cómo estructurar un negocio

¿Alguna vez has hecho paracaidismo? Una vez que saltas del avión, es demasiado tarde para cambiar de opinión. Crear una empresa es más fácil de gestionar si se elige la estructura adecuada desde el principio, y no cuando se ve que no conviene el tipo de entidad empresarial que se eligió en un primer momento. Por otra parte, alguien podría elegir una sociedad anónima de tipo C, que es mucho más compleja que una sociedad anónima de tipo S —ambas son figuras empresariales concretas de EE. UU.—, cuando una estructura más sencilla podría ser suficiente. Es importante tener en cuenta que, a diferencia del paracaidismo, puedes cambiar la estructura si lo necesitas, pero es más costoso y complicado que decidirlo desde un primer momento.

En Estados Unidos, los distintos tipos de entidades corporativas son las siguientes: empresa unipersonal, sociedad de responsabilidad limitada (LLC), sociedad anónima de tipo C, sociedad anónima de tipo S y organización sin ánimo de lucro. Cada uno de estos tipos de empresas tiene diferentes requisitos en términos de protección de responsabilidad, implicaciones fiscales y carga administrativa. Esta es otra área en la que entra en juego la diferencia entre los asesores que cobran honorarios y los que solo cobran comisiones. Dado que los primeros suelen estar afiliados a una sociedad de valores, normalmente no se les permite dar este tipo de asesoramiento.

Y, puesto que estamos muy involucrados en las estrategias fiscales, las carteras, las participaciones, etc., de nuestros clientes, también podemos ofrecer asesoramiento sobre la creación de empresas. Existen libros dedicados a este asunto. Con todo, y a modo de resumen, estas son las características clave para comparar los tipos de estructura:

Empresa unipersonal (anexo C del formulario 1040). Como su nombre indica, una empresa unipersonal tiene un solo propietario. Es la forma más sencilla de estructura empresarial, en la que una sola persona es propietaria y gestiona el negocio. La empresa y el propietario son legalmente la misma entidad. En consecuencia, el propietario tiene una responsabilidad personal ilimitada por las deudas y obligaciones de la empresa, lo que significa que pone sus activos personales en riesgo. Los ingresos del propietario se reflejan en su declaración de impuestos personal (formulario 1040 del anexo C) y los beneficios de la empresa están sujetos a los impuestos por cuenta propia.

Sociedad de responsabilidad limitada (LLC). Piensa en la LLC como una estructura híbrida. Combina la protección de responsabilidad de una corporación (lo que significa que los activos personales están expuestos a un riesgo hasta cierto punto limitado) con las ventajas fiscales y la flexibilidad operativa de una sociedad o empresa unipersonal. Por lo general, se trata como una «empresa de transferencia», por lo que los ingresos se reflejan en la declaración personal del socio o propietario. El IRS considera una LLC similar a una empresa unipersonal, por eso la denomina «LLC de un solo miembro», lo que significa que sigue figurando en el anexo C. Una vez más, los beneficios de la empresa siguen estando sujetos a impuestos sobre el trabajo por cuenta propia.

Sociedad anónima de tipo C. Una sociedad anónima es una entidad jurídica distinta de sus propietarios (accionistas). Es propiedad de los accionistas, quienes eligen una junta directiva para supervisar las decisiones importantes y nombran a los directivos para gestionar las operaciones diarias. Los accionistas tienen responsabilidad limitada, lo que significa que no son personalmente responsables de las deudas de la corporación. Desde el punto de vista fiscal, una corporación está sujeta a «doble imposición»: la corporación paga impuestos sobre sus ingresos y los accionistas pagan impuestos nuevamente sobre los dividendos recibidos o a través del salario que se les paga. Una corporación de este tipo es más compleja y costosa de establecer y mantener.

Sociedad anónima de tipo S. Se trata de una sociedad que opta por transferir los ingresos, pérdidas, deducciones y créditos de la sociedad a los accionistas (limitados a cien o menos) a efectos del impuesto federal. Este tipo de sociedad utiliza la tributación por traspaso, lo que significa que los ingresos se reflejan en las declaraciones de impuestos personales de los accionistas (a través del formulario K-1), lo que evita la doble imposición. Sin embargo, estas sociedades deben cumplir con las estrictas normas del IRS.

Sociedad sin ánimo de lucro. A veces, un emprendedor tiene la misión de ayudar a otros, por lo que crea una sociedad sin ánimo de lucro. Estas se constituyen con fines benéficos, educativos, religiosos, literarios o científicos, y no con fines lucrativos. Las sociedades sin ánimo de lucro no tienen propietarios, sino que están controladas por un consejo de administración o un consejo de fideicomisarios.

En términos fiscales, las organizaciones sin ánimo de lucro que cumplen determinados criterios están exentas del impuesto federal sobre la renta en virtud del artículo 501(c)(3) del IRS. Las donaciones a estas organizaciones pueden ser deducibles de impuestos. En EE. UU., para constituir una es necesario presentar los estatutos sociales ante el estado, solicitar la exención fiscal al IRS (a través del formulario 1023) y cumplir unas estrictas directrices operativas.

La elección de la estructura depende de muchos factores, por lo que tratamos de orientar a nuestros clientes hacia el tipo de entidad más adecuado dada su situación.

Los ricos entienden cómo funcionan las deducciones fiscales

Este tema va de la mano con los impuestos. Los propietarios de empresas deben tener en cuenta varios factores clave al considerar las deducciones fiscales, ya que estas pueden afectar de manera significativa a sus ingresos imponibles y a su salud financiera general (por no mencionar que nadie quiere una auditoría ante la autoridad competente por deducciones sospechosas).

Una de las primeras cuestiones que debes tener en cuenta como empresario en lo que respecta a las deducciones es la legitimidad de los gastos que intentas reclamar. Las deducciones deben ser ordinarias (habituales en el sector o negocio) y necesarias (útiles y apropiadas para el negocio). Por ejemplo, los gastos de oficina y publicidad suelen ser deducibles, pero los gastos personales disfrazados de gastos empresariales no lo son. También es muy importante llevar un registro detallado de todos los gastos empresariales, incluyendo recibos, facturas y una explicación clara de cómo cada gasto se relaciona con el negocio. Esto es crucial para justificar las deducciones en caso de una auditoría (¡que nadie quiere!). Curiosamente, los clientes que más tarde me dijeron que se habían metido en problemas siempre me preguntaban: «¿No puedo tan solo devolver el dinero?». En mi opinión, nunca vale la pena arriesgar; a la realidad me remito: los que son descubiertos desearían no haberlo hecho nunca.

Para los propietarios de negocios, las deducciones incluyen los gastos operativos necesarios para el funcionamiento del negocio, como el alquiler, los gastos de agua, electricidad, etc., los salarios, los suministros de oficina y los gastos de marketing. Si tu negocio fabrica y vende productos, los gastos relacionados con la fabricación o la compra de bienes para su reventa (por ejemplo, materias primas, mano de obra y costes de inventario) pueden desgravarse.

Los empresarios pueden amortizar compras o inversiones importantes en activos diversos, como equipos, vehículos o propiedades. Puede tratarse de ordenadores o, en el caso de los contratistas, uno de los tipos más comunes de empresarios, maquinaria pesada y herramientas. Estas compras tangibles pueden amortizarse a lo largo del tiempo en lugar de deducirse íntegramente en el año de la compra.

Si trabajas desde casa, puedes tener derecho a una deducción por tener la oficina en la vivienda, lo que te permite desgravarte una parte del alquiler y otros gastos relacionados. Eso sí, el espacio debe utilizarse exclusivamente para los fines del negocio.

Si el propietario de un negocio utiliza un vehículo para fines comerciales, puede desgravarse sus gastos (combustible, mantenimiento, depreciación) o recurrir a la tarifa estándar por milla proporcionada por el IRS para deducirse los impuestos. Una vez más, es importante mantenerlo separado del uso personal mediante un meticuloso registro.

Si viajas por motivos de trabajo, puedes desgravarte los gastos relacionados con el viaje, incluidos los billetes de avión, el alojamiento y las comidas. Sin embargo, los días de vacaciones, si se intercalan con los de un viaje de negocios, deben contabilizarse aparte, por lo que llevarte a tus hijos a Disney World mientras asistes a una conferencia en Orlando no cuenta. Solo se puede deducir la parte relacionada con el negocio.

Además, si una empresa no es unipersonal, es decir, si se tienen empleados, los gastos de prestaciones a los empleados, como el seguro médico, los planes de jubilación y la ayuda a la educación, también son deducibles.

Como asesor financiero que solo cobra honorarios, puedo ayudar a mis clientes con sus estrategias fiscales relacionadas con su condición de empresarios. Por ejemplo, les puedo aconsejar que consideren el momento adecuado para realizar compras con el fin de maximizar las deducciones (como acelerar los gastos antes de fin de año para reducir los ingresos imponibles del año en curso).

Mediante una gestión cuidadosa de las amortizaciones y el cumplimiento de la legislación fiscal, los empresarios pueden optimizar su obligación tributaria, mejorar el flujo de caja y reforzar su situación financiera. Una vez más, este consejo debe adaptarse específicamente a las necesidades y la situación particular de cada cliente.

Los ricos saben cuánto deben pagarse a sí mismos

A la hora de decidir qué salario cobrar, los propietarios de empresas deben tener en cuenta diversos factores financieros, legales y estratégicos para garantizar que su remuneración se ajuste tanto a sus necesidades personales como a la salud del negocio.

Por ejemplo, el IRS exige que los propietarios de sociedades de tipo S y C se paguen a sí mismos un «salario razonable», especialmente en las primeras, para evitar el pago insuficiente de los impuestos sobre la nómina. El salario debe ser comparable al que ganaría otra persona por el mismo puesto en una empresa similar, ni excesivamente alto (lo que tiene implicaciones fiscales) ni demasiado bajo (lo que, oh, sorpresa, también tiene implicaciones fiscales).

Los empresarios también deben asegurarse de que su remuneración no afecta al flujo de caja de la empresa. La compañía necesita fondos suficientes para los gastos de funcionamiento (incluidas las nóminas), las deudas y las inversiones de crecimiento. La remuneración del propietario de la empresa debe ser sostenible en relación con la rentabilidad de la misma. Si la empresa no es rentable de forma constante, es posible que el propietario deba ajustar su remuneración o considerar alternativas, como la remuneración diferida.

Del mismo modo, asegúrate de que tu salario cubre tus gastos personales, incluyendo vivienda, alimentación, asistencia sanitaria y otras necesidades, para no acabar endeudado. Pero, si la empresa se encuentra en fase de crecimiento, puedes optar por pagarte menos para reinvertir los beneficios en la empresa —para su expansión, en marketing o contratación—, mientras persigues tus objetivos. Reducir por un tiempo el salario para reinvertir en crecimiento podría conducir a una mayor rentabilidad y a una mayor remuneración en el futuro.

Por supuesto, independientemente de lo que te pagues a ti mismo, debe funcionar en conjunto con tu estrategia fiscal. Equilibrar estos factores te ayudará a determinar una estrategia de compensación que respalde tus necesidades financieras personales y, al mismo tiempo, garantice el éxito y la sostenibilidad de tu negocio a largo plazo.

Los ricos saben diversificar sus negocios

Los ricos inteligentes esperan lo mejor, pero se preparan para lo peor. Una forma en que los buenos empresarios lo hacen es diversificando los negocios. Esto es importante porque, especialmente hoy en día, ningún negocio es inmune a los cambios de tendencia y a cierto factor suerte. ¿Qué quiero decir con esto?

Pensemos en marcas como Goya Foods y Aunt Jemima, que fueron objeto de escrutinio público. Goya, cuyo principal público son los hogares hispanos, se vio envuelta en una guerra cultural cuando su director ejecutivo, Bob Unanue, apoyó al presidente Donald Trump ante las acusaciones de fraude electoral en un momento en que muchos miembros de la comunidad hispana se mostraban sensibles a los comentarios del presidente sobre los inmigrantes y la situación en la frontera estadounidense.[28] Unanue acabó censurado por su junta directiva, pero la tendencia #BoycottGoya ya se había vuelto viral. En el caso de Aunt Jemima, a raíz de la campaña Black Lives Matter y una mayor sensibilidad racial, el aspecto anticuado de las botellas de la compañía ya no era aceptable y la empresa se sometió a un cambio de imagen. En el otro extremo del espectro, una campaña de la derecha, *go woke and go broke* («hazte *woke* y arruínate»), acabó perjudicando a Disney. La

• • • • • • • • • • • • • •

28. Megan Hageman, «7 Major Food Brands That Got Canceled—and Here's Why», Eat This, Not That!, 7 de agosto de 2023, https://www.eatthis.com/food-brands-canceled/.

cultura de la cancelación puede afectar a empresas grandes y pequeñas. Ni siquiera las pequeñas empresas locales son inmunes: un comentario desafortunado de un empleado o un encuentro que sale mal y queda grabado en vídeo pueden destruir un negocio en muy poco tiempo. Por lo tanto, es esencial diversificar y ser consciente de la sensibilidad de lo que se comunica. Las redes sociales pueden ser una bendición para los negocios... o su tumba.

Dependiendo del negocio, podría haber cambios legislativos o nuevas formas en que un municipio maneja las licitaciones, por ejemplo, de manera que de repente no sean tan favorables para tu empresa. Los contactos cambian: tu director ejecutivo favorito con el que haces negocios podría ser destituido. Los compradores cambian. Los nuevos líderes traen sus propios equipos y proveedores. Nunca es bueno depender de un solo cliente, por muy lucrativo que sea para el negocio. Por último, está la tecnología, que puede sacar del mercado con facilidad a una empresa o industria. Fíjate en los agentes de viajes, las grabadoras de audio e incluso los taxistas.

Otro gran ejemplo de la importancia de la diversificación es el famoso error informático del año 2000.[29] En todo el mundo, se gastaron más de 600 000 millones de dólares en prepararse para el «problema del milenio» (si necesitas una lección de historia, hela aquí: se creía que el paso del año 1999 al 2000, algo que los codificadores y programadores —especialmente los del Gobierno— no habían previsto en su código, provocaría graves problemas en sectores desde la banca hasta el Gobierno, debido a la dependencia de los ordenadores). Al final, nada de esto sucedió. Pero, si fundaste una empresa de informática o programación basada únicamente en la preparación y mitigación del efecto 2000, dado que al final no pasó nada..., tu modelo de negocio dejó de tener cualquier tipo de valor.

La diversificación de un modelo de negocio es un enfoque estratégico que ofrece varias ventajas, entre ellas las que os detallo en la página siguiente:

....

29. «The Glitch That Didn't Steal New Year's», *Scientific American,* 17 de enero de 2000, https://www.scientificamerican.com/article/the-glitch-that-didnt-ste/.

VENTAJAS DE LA DIVERSIFICACIÓN FINANCIERA

▷ Mitigación de riesgos.

▷ Estabilidad de los ingresos.

▷ Atenuación frente a las recesiones económicas.

▷ Nuevos segmentos de clientes.

▷ Aumento de la cuota de mercado.

▷ Potencial de crecimiento.

▷ Diferenciación.

▷ Resiliencia.

▷ Adaptación a los cambios del mercado.

Los ricos lo entienden. Diversificarán su propio negocio o adquirirán otros para tener una cartera empresarial diversificada.

Liquidez

Los ricos saben que deben tener cierto grado de liquidez en su cartera. Entre ellos, los que son empresarios también lo saben. Pueden comprar diferentes negocios o desarrollar inversiones de diverso tipo, ya sea en el mercado inmobiliario o en el bursátil.

La razón por la que a los empresarios les gusta invertir en el mercado de valores y en el sector inmobiliario es la diversificación. Pero las acciones, en particular, son las favoritas porque ofrecen liquidez. El empresario comprende la importancia de esa liquidez. ¿Por qué?

Cuando inviertes en una cuenta de corretaje y tu cartera ha aumentado de valor, puedes pedir un préstamo a tipos muy favorables. En 2020, conseguimos que algunos de nuestros clientes más importantes obtuvieran préstamos al 1 %. Sin duda, eso es mejor que pagar un 20 % de las ganancias de capital más los impuestos estatales. Francamente, eso es lo que hacen los Jeff Bezos, Mark Zuckerberg y Elon Musk del mundo: pedir préstamos sobre sus activos.

Si se produce una demanda o hay una crisis durante la cual es necesario inyectar fondos o efectivo en el negocio, las acciones pueden garantizar el acceso a ellos. Por otro lado, si se produce una adquisición, si surge una oportunidad interesante o si se dispone de un edificio para el negocio, se querrá estar en condiciones de poder actuar al instante.

A veces se piensa que el efectivo es el rey. El efectivo es el activo más líquido, ¿verdad? Pues, en realidad, para el propietario de un negocio las acciones son una mejor apuesta.

Por ejemplo, supongamos que alguien en Seattle es propietario de una tienda donde se vende cannabis, que suele ser un negocio que opera exclusivamente con efectivo. Connie Cannabis ha ganado 10 millones de dólares con sus tres establecimientos, de forma totalmente legal y con registros meticulosos. Ahora su propietario quiere comprar una casa de un millón de dólares. En primer lugar, no puede pagar esa casa en efectivo. En segundo lugar, no puede tan solo depositar un millón de dólares en el banco, ya que no se lo aceptarán. Sin embargo, si tiene una cuenta de corretaje, le resultará más fácil utilizarla para compras importantes como esta, ya que invierte la suma, la vende, aparece en su cuenta de corretaje y luego la transfiere para cualquier compra que desee.

Planificación de la sucesión

En nuestro capítulo sobre las herencias, hablaremos un poco sobre la planificación de la sucesión, pero también tiene su sitio aquí, en el capítulo sobre los propietarios de negocios. La planificación de la sucesión para el empresario suele incluir tres elementos:

Estrategia de salida. Una estrategia de salida puede significar planificar la venta del negocio. O bien, puede haber una sucesión a un miembro de la familia al que hayan preparado para tomar el relevo. Algunos pueden optar por reducir la actividad a medida que se acercan a la jubilación.

Valoración. La planificación de la sucesión también incluye tener una idea realista del valor del negocio y de las estrategias para sacar el máximo partido en preparación para una venta o transición.

Planificación patrimonial. Por último, aunque la trataremos en el capítulo 11, es importante señalar aquí que integrar los activos empresariales en un plan patrimonial más amplio implica tener en cuenta cuestiones como la herencia, los impuestos y la dinámica familiar.

Conclusión

En última instancia, es posible que ni siquiera las personas ricas más hábiles comprendan plenamente cada uno de los elementos que abordamos en este libro. Al fin y al cabo, es probable que su pasión sea el negocio que están creando como emprendedores y empresarios. Pero los ricos inteligentes son lo bastante inteligentes como para formar un equipo que les ayude a alcanzar sus objetivos financieros y vitales.

En el próximo capítulo hablaremos de cómo a los ricos les encanta malgastar el dinero (¡en serio!).

CAPÍTULO 8

Los ricos entienden cómo funcionan los seguros

> "El riesgo proviene de no saber lo que se está haciendo.
>
> WARREN BUFFETT

A los ricos les encanta malgastar el dinero.

Quizás pienses que he perdido la cabeza, ya que hasta ahora he hablado específicamente de cómo los ricos se hacen más ricos. Está claro que quieren acumular riqueza, por lo que lo más probable es que no disfruten malgastando dinero.

Excepto en uno o dos casos concretos: el principal es el de los seguros.

¿Qué significa malgastar dinero en seguros? Los seguros están diseñados para que nunca quieras utilizarlos. Piénsalo: no quieres utilizar nunca tu seguro de coche. Nadie quiere tener un accidente de tráfico, chocar con alguien.

Y, si sucede, no te darán por tu monovolumen un Lamborghini. Esperas no utilizar tu seguro de hogar por alguna catástrofe que haya ocurrido en tu casa. Si tienes una casa de 230 metros cuadrados, no contratarás un seguro que te permita reconstruirla con mil metros cuadrados más. Esperas no usar tu seguro médico porque nadie quiere estar enfermo. Incluso si lo haces, prepárate para lo que pueda ocurrir.

Y, por último..., el seguro de vida, el único que uno desearía no tener que usar nunca. ¡Nadie quiere morir!

Ningún cliente gana dinero con los seguros

Lo primero que hay que entender es que los seguros no son algo con lo que se gane dinero (excepto la persona que te vende la póliza o quien finge un resbalón y una caída). Si ocurre algo por lo que debes utilizarlo, el seguro no te da ventajas. Más bien, te devuelve a tu situación anterior.

Si ganas 100 000 dólares al año, ninguna compañía de seguros te va a asegurar por 25 millones de dólares (si fuera así, creo que se cometerían muchos más asesinatos por el seguro, como en las películas). En cambio, tus herederos pueden obtener un seguro basado en el valor de sustitución de tus ingresos.

Quiero dejar muy claro que todos necesitamos un seguro. Nos protege contra catástrofes. Sin embargo, no es algo que queramos utilizar, por lo que no es una estrategia de inversión.

Seguro de hogar

El seguro de vivienda es importante para cualquier persona que posea un inmueble, y especialmente para las personas adineradas. Pero los ricos tienen algunos retos o preocupaciones adicionales, lo que hace que una buena cobertura sea aún más importante. Si vives en una casa muy cara, eres un objetivo instantáneo para aquellos que resbalan o se lesionan en tu propiedad. El seguro es más que necesario.

Propiedades de alto valor

Las personas adineradas suelen poseer propiedades de gran valor que representan una parte sustancial de sus activos. Sin embargo, el coste de reconstruir o reparar una vivienda de lujo puede ser extraordinariamente elevado, por lo que es esencial contar con un seguro adecuado para proteger esta inversión. Muy a menudo, estas viviendas tienen características personalizadas que no se pueden sustituir con facilidad.

Muchos objetos caros

Los propietarios adinerados suelen tener bienes personales valiosos, como colecciones de arte, joyas, antigüedades y aparatos electrónicos de alta gama, todo lo cual requiere una cobertura especializada.

Múltiples propiedades

Las personas acaudaladas suelen poseer múltiples propiedades, como casas de vacaciones, propiedades de inversión y residencias en otros países, cada una de las cuales necesita una cobertura adecuada. En ocasiones poseen propiedades para alquilar, que conllevan sus propios riesgos y requisitos de seguro. A veces se trata de carteras enormes, por lo que es esencial garantizar que todas ellas estén bien protegidas.

Protección de responsabilidad civil

Las personas adineradas se enfrentan a mayores riesgos debido a la posibilidad de costosas demandas judiciales. A menudo reciben invitados y tienen personal, lo que aumenta el riesgo de reclamaciones de responsabilidad civil. Trataremos este tema más adelante en el capítulo, cuando analicemos el seguro de responsabilidad civil complementario.

Zonas de alto riesgo

Las viviendas de lujo suelen estar situadas en zonas de alto riesgo, propensas a desastres naturales, como es el caso de las propiedades costeras (huracanes y tsunamis), viviendas en la montaña (incendios forestales) o regiones susceptibles de sufrir terremotos. Al vivir en California, sé bien lo que es todo esto. Estos riesgos requieren una cobertura de seguro especializada, contra incendios, contra inundaciones, contra terremotos o contra huracanes, que puede no estar incluida en las pólizas estándar. Para ello, a veces es necesario contratar un seguro a través de programas de seguros estatales, como los de terremotos e incendios.

Complementos de alta gama

Las pólizas para propietarios adinerados suelen incluir cláusulas adicionales o anexos para riesgos específicos, como es el caso de la cobertura para el personal doméstico, un seguro contra secuestro y rescate, o incluso cobertura para mascotas raras y exóticas.

Actividades empresariales

Muchas personas pasaron a trabajar desde casa durante la pandemia del coronavirus y tras ella. Cuando las personas adineradas dirigen negocios desde su hogar, esto puede requerir una cobertura adicional para los bienes y la responsabilidad civil de la empresa.

Gestión integral de riesgos

Las personas ricas suelen aplicar estrategias de gestión integral de riesgos que incluyen los seguros como componente clave para proteger su bienestar financiero, tanto como seguridad financiera frente a catástrofes como frente a reclamaciones legítimas o sin escrúpulo. Este es un gasto en el que a los ricos no les importa gastar dinero.

Seguros de vida y rentas vitalicias

Es esencial que los lectores comprendan cómo funcionan los seguros, ya que hay asesores sin escrúpulos que intentarán venderte un seguro de vida, como uno universal indexado o de vida universal, como inversión. Nada me enfada más. Cuando me reúno con nuevos clientes, reviso sus activos y sus finanzas y, con frecuencia, descubro que han sido engañados en lo que respecta a los seguros de vida.

Estas formas de seguro (universal, para toda la vida y, como veremos en breve, las rentas vitalicias) no son buenas inversiones. Desafortunadamente, dado que la Comisión de Bolsa y Valores de EE. UU. no regula a los agentes de seguros, los estados deben hacerlo, en el caso de EE. UU.[30] Esto crea una falta de homogeneidad en cuanto a las medidas de aplicación. Sin embargo, los reguladores estatales suelen incluir estas pólizas en sus listas de «vigilancia» o «precaución». Pero eso no detiene a los corredores y agentes depredadores, ya que los consumidores no son conscientes de ello.

Me gustaría hacer una advertencia especial contra las rentas vitalicias. En lo que respecta a los seguros de vida, cuando las personas mueren prematuramente, a las compañías de seguros no les gusta tener que pagar pólizas elevadas (al fin y al cabo, es un negocio). Para cubrir sus apuestas, el sector creó un producto llamado renta vitalicia.

En términos sencillos, con una anualidad, le entregas a la compañía de seguros una suma global de dinero.

. . . .

30. Justin Pritchard, «Indexed Universal Life Insurance: Pros and Cons», The Balance, 27 de agosto de 2022, https://www.thebalancemoney.com/ indexed-universal-life-insurance-pros-and-cons-5205063.

Supongamos que alguien compra una anualidad de un millón de dólares. Le da un millón de dólares a la compañía de seguros y esta le promete que, a cambio, le pagará el dinero asegurado cada mes durante el resto de su vida. Por lo general, con un modesto interés del 3 % al 6 %, dependiendo de la edad del beneficiario.

Por lo tanto, en una situación como esta, la compañía de seguros paga al asegurado de por vida. Si el asegurado le entrega un millón de dólares a los 65 años y vive hasta los 75, la compañía de seguros solo habrá pagado diez años. Si alguien recibe 5000 dólares al mes, eso supone 60 000 dólares al año durante diez años, lo que da un total de 600 000 dólares. Pero el asegurado le dio a la aseguradora un millón de dólares; la compañía de seguros se embolsa así más de 400 000 dólares. Digo «más» porque la compañía de seguros ha estado invirtiendo ese dinero (y te aseguro que no es en inversiones que solo ofrecen un rendimiento del 5 %). Al final, la compañía de seguros, y no los herederos de la persona, se queda con lo que sobra.

Incluso he oído tristes historias de agentes que venden una renta vitalicia y, un par de años después, promocionan una renta «mejor» y animan al cliente a retirar el dinero del primer producto para cambiarlo por el nuevo. El agente obtiene una nueva comisión. Y no importa qué renta vitalicia ofrezcan: en mi opinión, todas son malas y rara vez tiene sentido invertir en ellas.

La conclusión es que el asegurado podría haber invertido ese dinero, incluso de forma conservadora, como en letras del Tesoro. Si fallece, los herederos obtienen el dinero, no la compañía de seguros. Los ricos con más habilidad invierten en carteras diversificadas y en todo el mundo. No intentan duplicar el dinero que tienen. Solo intentan obtener una tasa de rendimiento del 8 % al 11 % cada año mediante la inversión en los mercados. Es una forma estable e inteligente de crear riqueza.

Ahora se entiende por qué es tan firme mi compromiso con el asesoramiento patrimonial a comisión. Desprecio a los asesores que se aprovechan. De hecho, este es un problema tan grave que, al menos en el estado de California, si alguien tiene más de 60 años y un corredor de seguros le vende este tipo de póliza en su domicilio, la persona tiene derecho a rescindir el contrato en cualquier momento (por eso los corredores insisten en que sus clientes acudan a la oficina para firmar los documentos). Al igual que con los seguros de vida universal y la mayoría de los productos de seguros, la SEC no exige pagos periódicos porque son productos de seguros. Ciertos productos, como las rentas vitalicias variables y los seguros de vida universal variables, sí están supervisados por la SEC.

Por lo general, los seguros de vida no se consideran un buen vehículo de inversión por varias razones:

Altos costes y comisiones. Las pólizas de seguro de vida con componentes de inversión, como el seguro de vida al uso, el seguro de vida universal (indexado) y el seguro de vida variable, suelen tener primas elevadas y comisiones considerables. Estas comisiones pueden erosionar de manera significativa la rentabilidad potencial de la parte de inversión de la póliza. Alguien está ganando dinero, y no es el asegurado.

Complejidad (la famosa letra pequeña). Los productos de inversión de los seguros de vida pueden ser complejos y difíciles de entender. Implican una combinación de cobertura de seguro y opciones de inversión, lo que puede dificultar la comprensión completa de los costes, riesgos y rendimientos potenciales asociados. Si a esto le sumamos las tácticas de venta agresivas, tenemos la receta perfecta para el desastre.

Menores rendimientos. Los rendimientos de las inversiones en pólizas de seguro de vida suelen ser inferiores en comparación con otras opciones. La compañía de seguros suele quedarse con una parte significativa de los rendimientos para cubrir los gastos administrativos, las comisiones y otras tasas. No olvidemos el coste del seguro. Lo más sorprendente es que la mayoría de las personas adineradas no necesitan un seguro en este momento, pero se vende como una inversión. Nunca he conocido a nadie que, después de que le vendieran un seguro, dijera que volvería a hacerlo.

Falta de flexibilidad. Estos productos se venden a menudo como una inversión. Sin embargo, si necesitas acceder al valor en efectivo, el proceso puede ser lento, caro y complicado. Los retiros o préstamos contra la póliza también pueden reducir la indemnización por fallecimiento y pueden incurrir en penalizaciones o comisiones adicionales. Además, se pagan intereses a la compañía de seguros por pedir prestado tu propio dinero.

Gastos de rescate. Muchas pólizas de seguro de vida tienen gastos de rescate, que son comisiones que se cobran si se cancela la póliza dentro de un determinado periodo. Estos gastos pueden ser considerables y reducir el valor total de la inversión. Básicamente, las compañías de seguros recuperan la comisión del agente de ventas que te vendió el producto.

Implicaciones fiscales. Si bien el crecimiento del valor en efectivo de una póliza de seguro de vida está sujeto a impuestos diferidos, los retiros pueden tener consecuencias fiscales, especialmente en el caso de las pólizas más antiguas en las que el asegurado es todavía relativamente joven (menor de 75 años). Los retiros se gravan con los tipos más altos, como si se tratara de ingresos ordinarios.

Alternativas de inversión mucho más inteligentes. Existen opciones de inversión más sencillas y potencialmente más lucrativas, como, en el caso de EE. UU., las cuentas de jubilación 401(k) e IRA, los fondos de inversión, las acciones, los bonos y los bienes inmuebles. Estas alternativas suelen tener comisiones más bajas, mayores rendimientos, ventajas fiscales y mayor flexibilidad.

Los ricos consideran la posibilidad de contratar un seguro de vida temporal, que es el más asequible, y suelen utilizarlo durante un periodo de tiempo determinado. Solo se paga el seguro y se invierte el resto por cuenta propia. Por ejemplo, en los divorcios, a veces parte del acuerdo exige que cada progenitor tenga una póliza de seguro de vida temporal hasta que sus hijos cumplan 18 o 21 años. O, en el caso de una familia joven que está empezando, que cubra el coste de la hipoteca. No es una inversión, pero proporciona protección y es dinero que vale la pena gastar.

A veces, entre nuestros inversores más conservadores, es difícil conseguir que abandonen la idea de que los seguros son una inversión segura. Lo que suelo decirles es que, si planean dejar su patrimonio a sus herederos, no pueden permitirse ser tan conservadores. Pueden asumir un riesgo bajo, pero sin dejarse estafar por una renta vitalicia.

Sin embargo, a medida que los ricos se hacen más ricos, las cuestiones relacionadas con los seguros pueden volverse más complejas.

Seguro paraguas

Los muy ricos suelen ser blanco de ataques.

En una sociedad tan litigiosa como la actual, si alguien resbala y se cae o tiene algún tipo de accidente, lo primero que se le ocurre es buscar un abogado. Y, para muchos abogados, lo primero que piensan es: «¿Cuánto vale el caso?».

Vemos casos muy publicitados en los que se interponen demandas que parecen frívolas, a menudo alegando cientos de miles de dólares en concepto de indemnización por «daños y perjuicios» que pueden parecer exagerados, simplemente porque la persona demandada es muy rica (y, por lo tanto, no despierta mucha simpatía entre muchos jurados, tan solo por su riqueza).

Por lo tanto, las personas muy ricas suelen contratar pólizas paraguas. Estas pólizas cubren una amplia variedad de posibles demandas relacionadas con la responsabilidad civil. Esto protege a aquellos que, como ellos, son blanco de ataques, tanto cuando son culpables como, sobre todo, cuando son perseguidos de forma más agresiva por su riqueza.

Las pólizas paraguas pueden cubrir una variedad de riesgos:

Protección amplia. La responsabilidad civil cubre reclamaciones por lesiones corporales, daños a la propiedad y responsabilidad civil, incluyendo difamación, calumnias e injurias (por ejemplo, si alguien es una figura pública y dice algo con lo que otra persona no está de acuerdo). Para quienes viajan, hacen negocios o trabajan en otras partes del mundo además de Estados Unidos, a menudo existe cobertura mundial.

Cobertura para diversos riesgos. Esto incluye activos de alto valor, como viviendas de lujo, coches de alta gama, barcos y otros activos. Si alguien está en el punto de mira en eventos de alto perfil, esto también puede incluir riesgos relacionados con la exposición pública.

Costes de defensa jurídica. Si se demanda a personas muy adineradas, es seguro que no se contrata a cualquier abogado. Los bufetes de abogados de prestigio cobran a sus clientes honorarios considerables, incluidos los honorarios de los propios abogados (a veces mil dólares por hora o más), las costas judiciales y los acuerdos. Los casos judiciales de gran repercusión mediática pueden costar millones. Por lo general, las pólizas paraguas no tienen límite en los honorarios de defensa (lo que difiere de los límites de responsabilidad).

Servicios profesionales. A menudo oímos hablar de casos en los que el personal de seguridad, las niñeras, el personal doméstico, etc., demandan a su empleador. Las pólizas paraguas suelen cubrir las demandas por servicios profesionales. Esto podría estar relacionado con despidos improcedentes u otros asuntos relacionados con el empleo o los recursos humanos, así como con lesiones en el trabajo.

Cobertura complementaria. Los conductores sin seguro o la cobertura de responsabilidad civil por propiedades en alquiler son otras áreas que suelen cubrir las pólizas paraguas. Esto es esencial para las personas con grandes carteras inmobiliarias.

Entidades y fideicomisos

Otro método que suelen utilizar las personas adineradas es crear entidades para ocultar la propiedad y proteger su privacidad, así como para mantener a salvo sus activos, optimizar sus impuestos, planificar su sucesión y proteger su responsabilidad legal. Exploraremos esto con más profundidad en el capítulo 11, sobre el legado, pero las entidades suelen ser una de estas cuatro:

1. **Fideicomisos.** Son acuerdos legales en los que una parte mantiene la propiedad en beneficio de otra. Los fideicomisos pueden proporcionar anonimato y control sobre la distribución de los activos. De todas maneras, ten en cuenta que hay muchos tipos de fideicomisos, de los que hablaré más adelante.
2. **LLC (sociedades de responsabilidad limitada).** Las LLC proporcionan protección frente a la responsabilidad y pueden estructurarse para ocultar la identidad de los propietarios mediante directores o accionistas nominales.
3. **Sociedades *offshore*.** Son entidades establecidas en jurisdicciones con leyes de privacidad favorables que pueden mantener ocultos a los propietarios.
4. **Fundaciones.** Son similares a los fideicomisos, pero se utilizan a menudo en países de derecho civil; pueden proporcionar confidencialidad y control sobre la distribución de activos.

Las entidades ofrecen formas de protección que los ricos suelen buscar, entre las que se incluyen las siguientes:

Confidencialidad y anonimato. Las personas con un elevado patrimonio suelen querer mantener la privacidad de sus asuntos financieros para proteger su identidad, su situación financiera y su seguridad personal. Lo cierto es que no sabemos ni una mínima parte de lo que poseen la mayoría de las personas más acaudaladas. El uso de entidades como fideicomisos, sociedades de responsabilidad limitada o sociedades *offshore* ayuda a ocultar la propiedad y mantener el anonimato en los registros públicos.

Protección de activos. Las personas pueden proteger su patrimonio de posibles acreedores, demandas o reclamaciones legales colocando sus activos en diversas entidades.

Gestión de riesgos. Separar los activos personales de los empresariales a través de diferentes entidades ayuda a mitigar el riesgo y a garantizar que las responsabilidades empresariales no ponen en peligro el patrimonio personal.

Planificación fiscal. Las entidades pueden utilizarse para estructurar la propiedad de manera que se reduzcan las obligaciones fiscales (¡una de mis especialidades!).

Traslado de ingresos. Las personas adineradas pueden trasladar sus ingresos a entidades ubicadas en regiones con impuestos más bajos o a familiares con tramos impositivos más bajos, lo que reduce así su carga fiscal global.

Planificación patrimonial. Como veremos más adelante, entidades como los fideicomisos familiares o las sociedades de cartera pueden facilitar la transferencia de patrimonio a las generaciones futuras de una manera estructurada y fiscalmente eficiente.

Control. Mediante el uso de entidades, las personas físicas pueden mantener el control sobre sus activos y operaciones comerciales incluso después de transferir la propiedad a sus herederos o beneficiarios.

Responsabilidad legal. Entidades como las sociedades de responsabilidad limitada (LLC) o las sociedades anónimas ofrecen protección de responsabilidad limitada, lo que garantiza que los propietarios no sean responsables a título personal de las deudas y obligaciones de la empresa y los protege de litigios (junto con una póliza paraguas).

Seguro de impuestos sobre el patrimonio

Una de las formas más inusuales de seguro que utilizan las personas más ricas es el seguro de impuestos sobre el patrimonio. Es un tipo de seguro de vida diseñado para ayudar a los beneficiarios y herederos a pagar los impuestos sobre el patrimonio que puedan devengarse tras el fallecimiento de la persona asegurada. Se utiliza a menudo en la planificación patrimonial para garantizar que los herederos puedan cubrir los impuestos sin tener que vender activos o liquidar partes del patrimonio.

Cuando una persona fallece, su patrimonio (el valor total de todos sus activos) puede estar sujeto, en EE. UU., a impuestos federales o estatales si supera ciertos umbrales. Esta cifra es el doble en el caso de un matrimonio. Estos impuestos pueden ser considerables, lo que podría reducir la herencia que se deja a los beneficiarios.

A menudo digo que puedes dejar tu patrimonio a cualquiera de estas tres entidades: tus herederos, tus organizaciones benéficas favoritas... o a Hacienda. Tu trabajo es elegir dos de las tres opciones.

Muchos patrimonios, por ejemplo, incluyen activos como bienes inmuebles, negocios o inversiones no líquidas que no se pueden convertir en efectivo con facilidad. El seguro de impuestos sobre el patrimonio proporciona una fuente líquida de fondos para pagar la factura fiscal sin obligar a vender estos activos.

A fin de evitar que el producto del seguro se incluya en el patrimonio imponible, la póliza suele ser propiedad de un fideicomiso irrevocable de seguro de vida (ILIT, por sus siglas en inglés). En resumen, se establece un fideicomiso irrevocable y el ILIT paga las primas del seguro del impuesto sobre el patrimonio, además de ser el beneficiario de la póliza. De este modo, el pago no está sujeto a impuestos sobre el patrimonio. A continuación, el ILIT utiliza la indemnización por fallecimiento para pagar los impuestos sobre el patrimonio que deben abonar los herederos, lo que permite que los demás activos del patrimonio se transfieran a los beneficiarios sin necesidad de venderlos. Si se estructura de la forma adecuada, el producto del seguro puede excluirse del patrimonio imponible, lo que también reduce la carga fiscal global. Además, garantiza liquidez. Por último, también garantiza que los herederos puedan heredar los activos tal y como deseaban. Por ejemplo, supongamos que una familia tiene una bodega en Napa que los tres hermanos (herederos) utilizan con sus respectivas familias cada verano; no necesitan liquidar activos para pagar el impuesto de sucesiones/patrimonial sobre el activo que la familia transmite.

No hay tiempo que perder

Antes de terminar este capítulo sobre cómo los ricos malgastan el dinero, quería hablar de una forma inusual en la que los ricos lo invierten: compran tiempo.

En algún momento, todas las personas de más éxito se dan cuenta de que no pueden clonarse a sí mismas. Quieren exprimir el dinero que ganan porque están muy ocupadas. Es entonces cuando, como dice una persona que conozco, «echan dinero al problema».

Con esto me refiero a que tal vez contratan a un asistente personal. Estos asistentes personales o ejecutivos, o jefes de personal, pueden ayudar a encontrar tiempo en el día a día actuando como guardianes, de modo que el empresario o emprendedor pueda centrarse en lo que mejor sabe hacer.

Otra forma en que muchas personas muy ricas invierten dinero es en aviones privados. Supongo que para algunos un Gulfstream es un símbolo de estatus. Un gran número de ejecutivos y emprendedores ricos dirán que los aviones les ahorran mucho tiempo en comparación con los vuelos comerciales. Y, para ellos, el tiempo es dinero.

Los aviones privados no son rentables. Pero, cuando se trata de tiempo, un bien que ninguna persona rica puede comprar, los aviones son algo en lo que ven que merece la pena gastar dinero. Es interesante cómo la mayoría de mis clientes que vuelan en aviones privados lo llaman constantemente «cápsula del tiempo» debido a la cantidad de tiempo que ahorran. Quizás ese sea el argumento de venta de los constructores de aviones privados.

De hecho, según las *Actas de la Academia Nacional de Ciencias*, las personas que gastaban dinero en inversiones que les ahorraban tiempo (como contratar a un jardinero en lugar de ocuparse ellos mismos de las plantas) eran más felices y estaban más satisfechas con su vida. [31]

No estoy diciendo que un avión te haga feliz por arte de magia. ¡Pero tampoco te hará daño!

Asegurarse para protegerse

También es importante señalar que los ricos utilizan los seguros como protección y no como inversión. Por lo general, estas personas son inteligentes y disciplinadas. Por desgracia, los programas de seguros de vida con valor en efectivo están diseñados para personas sencillas y

• • • • • • • • • • • • • • •

31. https://www.pnas.org/doi/pdf/10.1073/pnas.1706541114.

poco disciplinadas. Todo lo que hacen los ricos tiene que ver con delegar y maximizar cada aspecto del dinero. Con los seguros, proporcionan una protección mínima e invierten el resto.

Recuerda que a los ricos les gusta tener el control. Los seguros de vida son productos con los que renuncias a parte de él. Pagas costes y comisiones elevados para delegar la responsabilidad de hacer rendir el dinero que posees. La cuestión más importante es si renuncias a las ventajas a cambio de las prestaciones del seguro de vida, algo que los ricos realmente no necesitan. Dicho esto, estas personas prefieren invertir la diferencia en otra cosa. Los ricos inteligentes son sofisticados a la hora de elegir en quién delegar. Los que no lo son tan solo quieren sentirse exclusivos e importantes, lo que los convierte en un blanco fácil para que les vendan determinados productos.

Conclusión

Espero que después de leer este capítulo te des cuenta de que sí, los ricos se hacen más ricos sabiendo en qué gastar el dinero. Al hacerlo, protegen lo que han conseguido con tanto esfuerzo. Aunque hay que saber que esa protección siempre tiene un coste. Algunos gastos, como los seguros y lo que implica ahorrar tiempo, merecen la pena por la tranquilidad que proporcionan, especialmente cuando se ve el valor de gastar un poco en seguros para ahorrar mucho ante posibles sorpresas. Gastar determinadas cantidades de dinero a veces te proporciona el mejor sueño que puedas tener por la noche.

CAPÍTULO 9

Los ricos conocen las reglas antes de saltárselas

> **"** Lo más difícil de entender en el mundo es el impuesto sobre la renta.
>
> ALBERT EINSTEIN,
> *según le comentó a su contable,* LEO MATTERSDORF

Las personas ricas saben que no hay que meterse con Hacienda, pero también saben que Hacienda tiene muchas reglas que pueden ayudarles a acumular riqueza. Bienvenido a uno de los aspectos más importantes, si no el más importante, de la planificación patrimonial: la planificación fiscal.

Me refiero a una planificación fiscal muy cuidadosa y a trabajar con un equipo que comprenda la complejidad de los códigos y leyes fiscales del país (EE. UU. en nuestro caso), así como la forma de aprovechar esas normas para crear riqueza. Sin embargo, como podrás leer en este capítulo, las leyes fiscales cambian, por lo que solo hablo en términos generales sobre estas estrategias.

Comprender tu situación fiscal

Uno de los errores que comete la gente es pensar que gana 150 000 dólares al año —y gastan en consecuencia— cuando, en realidad, no se llevan a casa ni 100 000 dólares netos después de impuestos. Sigue siendo un salario respetable, pero no como el primero, ya que los impuestos se retienen en la nómina, pero la cantidad total sigue apareciendo cuando se analiza el salario en bruto.

Esta es la realidad de los ingresos brutos ajustados (AGI, por sus siglas en inglés).

Permíteme ofrecerte una visión breve pero completa de este tipo de ingreso, que es importante conocer para tener una visión general de la situación fiscal. En EE. UU. es un concepto fundamental del sistema tributario y sirve como punto de partida para calcular la renta imponible y determinar si uno se puede acoger a diversas deducciones, créditos fiscales y estrategias.

El ingreso bruto ajustado es el ingreso bruto, es decir, todos los ingresos obtenidos durante el año, menos las deducciones específicas conocidas como «ajustes al ingreso». Estos ajustes pueden incluir aportaciones a cuentas de jubilación (como la 401[k], la IRA, la SEP, la SIMPLE, muy habituales en EE. UU.), intereses de préstamos estudiantiles, seguro médico, matrículas y tasas, así como otros gastos que se permiten restar a los ingresos brutos.

El AGI es importante porque es la base para calcular el ingreso imponible, esto es, la cantidad sobre la que se determina en última instancia la obligación tributaria. Además, muchos créditos y deducciones fiscales, como el «crédito tributario por ingreso del trabajo» o las deducciones por gastos médicos, se eliminan gradualmente o se limitan a medida que aumenta el AGI. Por lo tanto, comprender este concepto es fundamental para la planificación fiscal. Sin embargo, ten en cuenta que, aunque algunas deducciones pueden desaparecer, hay muchas estrategias que un asesor financiero experto puede utilizar para reducir la carga fiscal de su cliente.

Es esencial comprender qué constituye los ingresos brutos. En él se incluyen todos los ingresos que se reciben en forma de dinero, propiedades y servicios que no están exentos de impuestos. Entre otros:

▷ salarios;
▷ ingresos comerciales (si se trabaja por cuenta propia);
▷ intereses y dividendos de inversiones (se incluyen las cuentas de ahorro y dividendos de acciones);
▷ ganancias de capital (las obtenidas por la venta de activos, como acciones, bonos o bienes inmuebles);
▷ ingresos por alquiler;
▷ pensión alimentaria;
▷ ingresos por jubilación procedentes de cuentas IRA, planes 401(k) y pensiones; y
▷ gastos en seguridad social (que puede gravarse en función de los ingresos totales).

Además, como se puede imaginar dada la complejidad de las estrategias fiscales de algunas personas, es sumamente importante que quienes más dinero tienen se aseguren de que existe coordinación con quienes trabajan con ellos en la planificación patrimonial. Como se puede ver en la ilustración de la página siguiente, la gestión de una cartera tiene muchas piezas. Como empresa que solo cobra honorarios, no tenemos conflictos de intereses al trabajar con nuestros socios y al analizar la situación financiera global de un cliente con el fin de representarlo de la mejor manera posible. En ningún ámbito es esto más importante que en el de los impuestos, ya que una buena planificación fiscal puede ahorrarte sumas incalculables no solo ahora, sino también en el futuro y en el de tus herederos.

Deducciones y amortizaciones

Las amortizaciones fiscales, también conocidas como deducciones, son un elemento clave del sistema tributario, al menos en EE. UU, pues permiten a las personas físicas y jurídicas reducir sus ingresos imponibles, lo que en última instancia reduce su obligación tributaria. Estas amortizaciones sirven como incentivos financieros y fomentan determinados comportamientos, como ahorrar para la jubilación, hacer donaciones a organizaciones benéficas o invertir en operaciones comerciales. Al reducir la cantidad de ingresos sujetos a tributación, las amortizaciones fiscales pueden tener un impacto significativo en la cantidad de impuestos adeudados. Comprender cómo funcionan es fundamental tanto para las personas como para las empresas que desean optimizar su situación fiscal.

Existen varios tipos de deducciones fiscales, cada una con un propósito específico y disponible solo en función de ciertas condiciones.

Deducción estándar

Como el IRS es tan amable, ofrece una deducción básica sobre los ingresos. Se trata de una cantidad fija que reduce los ingresos sobre los que se gravan impuestos. Para la mayoría de los contribuyentes, la deducción estándar es la más fácil y sencilla de reclamar. El importe varía en función de la situación fiscal (soltero, casado con declaración conjunta, etc.) y se ajusta anualmente en función de la inflación. Por ejemplo, supongamos que la deducción estándar para los contribuyentes solteros es de 15 000 dólares y para los matrimonios que hacen la declaración conjunta es de 30 000 dólares. Los contribuyentes pueden optar por la deducción estándar en lugar de iniciar un proceso más complejo si aquella ofrece un mayor beneficio. Eso podría tener más sentido, por ejemplo, en el caso de una pareja jubilada de recursos modestos que cobra su pensión. Aplicar la deducción estándar es sencillo y no requiere un contable, un planificador u otro experto. Sin embargo, la cartera financiera y la situación de la mayoría de los clientes acaudalados es muy compleja. Por lo tanto, es más prudente que utilicen lo que se denomina «deducciones detalladas».

Deducciones detalladas (Anexo a)

Si tus gastos van más allá de lo que abarca la deducción estándar, puedes optar por detallar las deducciones. Implica enumerar los gastos específicos que el IRS permite deducir de los ingresos imponibles.

Las deducciones detalladas más comunes incluyen los intereses hipotecarios, los impuestos sobre la propiedad, los gastos médicos que superan un determinado porcentaje del AGI, las donaciones a causas benéficas y los impuestos estatales y locales. Detallar las deducciones suele ser más complejo que aplicar la deducción estándar, pero puede suponer un mayor ahorro fiscal si los gastos deducibles que se tienen son considerables.

Las personas ricas suelen pagar más impuestos, tienen saldos hipotecarios más elevados y pueden donar más a organizaciones benéficas, lo que las obliga a realizar una deducción detallada.

Al solicitar deducciones fiscales, es esencial tener cuidado para evitar errores que puedan dar lugar a sanciones o auditorías. A continuación se indican algunas consideraciones clave:

Sé correcto y honesto. Vuelve atrás y lee otra vez la primera frase de este capítulo. No querrás meterte con el IRS. Por eso, es importante que tus deducciones sean correctas y honestas. Exagerar puede llevar a una auditoría o multas. Solo reclama gastos legítimos que puedas justificar con documentos. El sistema tributario estadounidense se basa en gran medida en la confianza. ¡No hagas que paguen justos por pecadores! Si te haces tu propia declaración, asegúrate de revisar dos veces los números y cálculos. Las deducciones inexactas pueden levantar sospechas.

Lleva registros detallados. Documenta, documenta y documenta. Conserva los recibos y registros de todos los gastos que planeas desgravarte. El IRS exige pruebas que justifiquen tus reclamaciones, especialmente durante una auditoría. Agrupar gastos similares (por ejemplo, viajes de negocios, material de oficina, etc.) puede hacer que te asegures de que no se te escapa ninguna deducción y que sea más sencillo preparar la declaración. Aprovecha las nuevas tecnologías y aplicaciones que facilitan más que nunca el escaneo de recibos y el seguimiento de las deducciones fiscales y los registros durante años.

Ten presentes los umbrales para una auditoría. Algunas deducciones, como las grandes contribuciones a organizaciones benéficas, pueden desencadenar una auditoría. Sé especialmente diligente en el mantenimiento de los registros de estas deducciones. Además, hay límites en lo que puedes deducir, dependiendo de lo que dones.

Presenta la declaración a tiempo. Por último, presenta la declaración a tiempo. No cumplir con el plazo de presentación puede dar lugar a sanciones e intereses innecesarios. Incluso si no puedes pagar la totalidad de los impuestos, presenta la declaración a tiempo para evitar cargos adicionales.

Para empresas

Ten cuidado con las señales de alerta. En la próspera década de 1980, parecía que todos los empresarios tenían una cuenta de gastos y a menudo eran muy generosas. Regalos para los clientes, como comidas caras fuera de casa, entradas para espectáculos de Broadway, conciertos y viajes..., todo esto era la norma.

Deducciones empresariales de este tipo pueden llamar la atención, así que asegúrate de que estén realmente relacionadas con el negocio y que se hayan documentado bien. Otra señal de alerta es reclamar una deducción relacionada con una oficina en casa desproporcionadamente grande en relación con los ingresos (o si se trata del 50 % de la vivienda, por ejemplo). Asegúrate de que tu reclamación sea razonable y esté bien fundamentada. Voy a ser sincero (como siempre): es sencillo; no te metas con el IRS; es imbatible.

Evita mezclar gastos personales y empresariales. Esto puede ser especialmente problemático para los autónomos. Mezclar gastos personales y empresariales puede complicar la situación fiscal y dar lugar a deducciones no permitidas. Utiliza cuentas y tarjetas de crédito separadas para los gastos relacionados con la empresa. Si utilizas un vehículo tanto para fines personales como empresariales, solo es deducible la parte relacionada con la empresa. Lleva un registro detallado del kilometraje relacionado con el negocio. Una vez más, existen tecnologías muy útiles para facilitarte esta tarea.

Si se tiene cuidado y se es metódico con las deducciones fiscales, se pueden aprovechar bien y reducir el riesgo de errores, auditorías y sanciones. Ahí es donde entran en juego tu planificador financiero y tus profesionales fiscales. Especialmente para aquellos con situaciones fiscales complejas, es importante cumplir las normas. Si crees que contratar a un buen contable o a un planificador financiero es caro, deberías echar un vistazo a las tarifas por hora de un abogado especializado que te represente ante el IRS.

Impuestos sobre las ganancias de capital

Las ganancias de capital son una parte esencial del sistema fiscal estadounidense y se aplican a los beneficios obtenidos por la venta de activos, entre otros, acciones, bonos o bienes inmuebles. La tasa a la que se gravan estas ganancias depende de varios factores, entre ellos, el tiempo que se ha mantenido el activo, el tipo de activo y el nivel de ingresos del contribuyente. Comprender los impuestos y las tasas sobre las ganancias de capital puede ayudar a los inversores (y a sus asesores financieros) a tomar buenas decisiones sobre la compra, venta y tenencia de activos.

En resumen, y utilizando números sencillos, una ganancia de capital se produce cuando se vende un activo por un precio superior al de compra. Por ejemplo, si se compra una acción por 1000 dólares y posteriormente se vende por 10 000, se obtiene una ganancia de capital de 9000 dólares. Las ganancias de capital tienen lugar cuando se vende el activo. En cambio, las no realizadas se producen cuando el activo se ha revalorizado, pero aún no se ha vendido. Hay que saber que solo se pagan impuestos sobre las ganancias de capital realizadas. Además, hay ganancias de capital a corto y largo plazo. A continuación se ofrecen breves definiciones de cada una de ellas:

▷ **Ganancias de capital a corto plazo.** Son las que se producen cuando se vende un activo que se ha mantenido durante un año o menos. Se gravan al mismo tipo que los ingresos ordinarios, lo que depende del tramo impositivo en el que uno se encuentre. Se trata del tipo impositivo más alto posible.

▷ **Ganancias de capital a largo plazo.** Tienen lugar cuando se mantienen activos durante más de un año y luego se venden. Se gravan a tipos más bajos que las de corto plazo con el fin de fomentar este tipo de inversiones. El tipo impositivo puede ser del 0 %, del 15 % o del 20 %,[32] dependiendo de los ingresos imponibles y la situación fiscal. Es importante señalar que, en el caso del impuesto sobre la renta neta de las inversiones, existe un recargo adicional del 3,8 % para las declaraciones conjuntas de parejas con un AGI de 250 000 dólares y para los solteros con un AGI de 200 000 dólares. La renta neta de las inversiones puede incluir dividendos, intereses (acciones, bonos, ETF, fondos de inversión), ganancias de capital, ingresos por alquiler, regalías o rentas vitalicias, es decir, casi todos los ingresos pasivos.

Una vez más, el IRS añade algunas exclusiones y normas diferentes para determinados tipos de activos y situaciones. La más conocida es la exclusión de la residencia principal. En el momento de redactar este capítulo, si vendes tu residencia principal, puedes excluir hasta 250 000 dólares de ganancias de capital de tus ingresos imponibles (500 000 dólares para quienes presentan una declaración conjunta), siempre que se cumplan determinados requisitos de propiedad y uso. Esta exclusión puede reducir significativamente los impuestos sobre las ganancias de capital por la venta de la vivienda. Recuerda que la norma establece que debes haber residido en la vivienda durante dos de los últimos cinco años para

• • • • • • • • • • • • • •

32. Kate Ashford, «Capital Gains Tax Rates for 2023 and 2024», Forbes Advisor, 15 de noviembre de 2022, https://www.forbes.com/advisor/taxes/capital-gains-tax/.

poder acogerte a esta exención de ganancias de capital por vivienda. El IRS establece que esto solo se puede hacer «una vez en la vida». La definición de «una vez en la vida» es, en esencia, una vez cada cinco años, para simplificar. Sin embargo, podría ser incluso antes si se dan ciertas circunstancias.

Quizás recuerdes del capítulo 5 que no soy muy partidario de invertir en oro y que sé que el arte puede ser un activo muy complicado si no se es muy muy rico. Además, cuando se trata de ganancias de capital por la venta de objetos de colección, como obras de arte, antigüedades o metales preciosos, se gravan a un tipo máximo del 28 %, independientemente del nivel de ingresos. Los objetos de colección no se benefician de los tipos preferenciales de las ganancias de capital a largo plazo.

Un aspecto importante de la tributación de las ganancias de capital es la posibilidad de compensarlas con las pérdidas de capital. Si vendes un activo con pérdidas, puedes utilizar esa pérdida para compensar las ganancias de capital que hayas obtenido en el mismo año fiscal. Si las pérdidas superan las ganancias, puedes deducir hasta 3000 dólares de tus ingresos ordinarios. Es algo que a menudo se pasa por alto. Muchos asesores intentan compensar las ganancias y las pérdidas como he mencionado anteriormente. Pero, en realidad, deducir los 3000 dólares de los ingresos ordinarios es muy valioso, ya que supone una ventaja fiscal mayor que la tributación de las ganancias de capital.

Por ejemplo, si amortizo una pérdida de 10 000 dólares (la inversión original era de 100 000 dólares, ahora es de 90 000 dólares), puedo amortizar 3000 dólares en un periodo de tres años. Esto tiene un gran impacto: si estoy en el tramo más alto, recupero casi 4000 dólares en ahorros fiscales; si estoy en un tramo bajo, obtengo 1000 dólares. Suponiendo que más tarde venda mi posición total, mi nueva base imponible es ahora de 90 000 dólares. Entonces, si mis cuentas crecen hasta los 150 000 dólares años más tarde, tengo que devolver lo que deduje en un principio. Pero habré de hacerlo al tipo impositivo de las ganancias de capital. Esos 10 000 dólares que deduje originalmente al 40 % (en el tramo más alto) son ahora un reembolso de 2000 dólares (pero obtuve 4000 dólares en ahorros), por lo que sigo ganando 2000 dólares. Si estoy en el tramo impositivo más bajo, entonces los 1000 dólares que deduje en ahorros fiscales tienen que devolverse, mientras que las ganancias de capital están en el tramo más bajo, del 0 % (es decir, libres de impuestos). Siempre se puede salir ganando estratégicamente si se cuenta con buenos profesionales.

Por eso creo que es una locura que los asesores financieros gestionen el dinero sin tener en cuenta el tramo impositivo de cada persona. No tiene sentido, ya que pueden estar dejando de lado un dinero muy valioso. Esta es la diferencia entre alguien que analiza tu situación financiera de forma integral y quien solo se centra en las inversiones.

Por cierto, ganar 2000 dólares con 100 000 dólares es como obtener un rendimiento del 2 %. No es un 2 % que verás en tu estado de cuenta de inversiones, sino un 2 % que verás en la acumulación total de tu patrimonio gracias al ahorro fiscal.

En esto consiste la verdadera planificación fiscal. Y así es como los ricos se hacen más ricos.

Cualquier pérdida restante puede llevarse a ejercicios fiscales futuros.

Por lo tanto, comprender los impuestos sobre las ganancias de capital puede ayudarte a tomar decisiones estratégicas sobre cuándo vender activos y cómo gestionar tu cartera. Por ejemplo, mantener un activo durante más de un año puede suponer un ahorro fiscal significativo debido a las tasas más bajas sobre las ganancias de capital a largo plazo. O bien vender activos con bajo rendimiento, incluso con pérdidas, puede compensar las ganancias de otras inversiones y ayudar a reducir tu carga fiscal. En algunos casos, puede ser inteligente aplazar la realización de las ganancias de capital hasta un año en el que tus ingresos sean menores, lo que podría dar lugar a un tipo impositivo más bajo. Conocer bien estrategias como esta le hace a uno darse cuenta de que la planificación patrimonial para los ricos puede ser muy compleja. Tan solo recuerda que el objetivo es siempre ganar dinero. No dejes que los impuestos te hagan perder dinero.

También existe un impuesto sobre la renta neta de las inversiones del 3,8 % sobre los ingresos pasivos. Para aquellos cuyo AGI sea superior a 200 000 dólares (solteros) y 250 000 dólares (casados), existe un impuesto adicional sobre la renta neta de las inversiones pasivas, como las retiradas de cuentas IRA, los ingresos por alquileres, los dividendos y los intereses. Por lo tanto, se aplicarían las ganancias de capital sobre inversiones pasivas, como los bienes inmuebles o las acciones.

Como se puede ver, no existe una estrategia fiscal única que sirva para todos.

La depreciación inmobiliaria como herramienta fiscal

La depreciación inmobiliaria es una herramienta poderosa en la estrategia fiscal, especialmente para los inversores en bienes raíces. Esta permite a los propietarios reducir sus ingresos imponibles deduciendo una parte del valor de la propiedad cada año. La depreciación refleja la idea de que los activos físicos, como los edificios, pierden valor con el tiempo debido al desgaste, por lo que esta reducción del valor puede reclamarse como gasto en la declaración de impuestos. Comprender cómo funciona la depreciación inmobiliaria y cómo aprovecharla es fundamental para optimizar los resultados fiscales y la rentabilidad de las inversiones inmobiliarias. No voy a entrar aquí en sus complejidades, pero sí quiero apuntar algunas consideraciones importantes.

La depreciación es el proceso de deducir el coste de adquisición y mejora de las inversiones en propiedades de alquiler a lo largo de su vida útil. El IRS permite a los propietarios amortizar el valor del edificio (no del terreno) durante un periodo determinado, que suele ser de 27,5 años para las propiedades residenciales de alquiler y de 39 años para las propiedades comerciales, aunque, una vez más, las normas fiscales pueden cambiar. Esto demuestra que la amortización puede aplicarse durante años. El IRS también tiene un sistema para calcular la amortización de los bienes inmuebles.

La razón por la que quiero abordar este tema aquí (en lugar de en el capítulo relativo a los bienes inmuebles) es porque la depreciación reduce la base imponible como estrategia fiscal. Es importante destacar que se trata de un gasto no monetario, lo que significa que no es necesario gastar dinero para reclamarlo. Sin embargo, reduce la base imponible, lo que disminuye la obligación tributaria sin afectar al flujo de caja. Este flujo de caja adicional puede reinvertirse en otras propiedades, renovaciones o inversiones. Además, para los inversores inmobiliarios, la depreciación puede compensar los ingresos por alquiler al reducir los impuestos que se deben pagar por esos ingresos. En algunos casos, la depreciación puede reducir la renta imponible hasta el punto de que el inversor pague pocos o ningún impuesto sobre la renta por los beneficios del alquiler.

Quien conozca el sistema tributario estadounidense estará familiarizado con «el intercambio 1031». Este puede formar parte de la estrategia fiscal de un inversor, pues le permite vender una propiedad y reinvertir los ingresos en una propiedad de la misma naturaleza. Esta estrategia puede llegar a aplazar los impuestos de manera indefinida, siempre y cuando se sigan las normas que rigen el proceso.

La depreciación inmobiliaria es una herramienta poderosa para reducir los ingresos imponibles, aumentar el flujo de caja y maximizar la rentabilidad de las inversiones en bienes raíces. Mediante el uso estratégico de la depreciación, incluidas técnicas como la segregación de costes y los intercambios 1031, los inversores pueden mejorar su situación fiscal de manera significativa. Sin embargo, es esencial comprender las implicaciones de la recuperación de la depreciación y las normas específicas que la rigen para tomar decisiones informadas.

Cuando se aprovecha de manera eficaz, la depreciación puede ser la piedra angular de una estrategia fiscal inmobiliaria exitosa.

Profesionales inmobiliarios

Una última estrategia relacionada con la reducción de impuestos a través de inversiones inmobiliarias depende de si se te considera o no un profesional inmobiliario. Los códigos del IRS establecen lo siguiente:

«Para ser considerado un profesional inmobiliario, un contribuyente debe: prestar más del 50 % de sus servicios en operaciones o negocios inmobiliarios («la prueba del 50 %»); prestar más de 750 horas de servicio en operaciones o negocios inmobiliarios («la prueba de las 750 horas»)».[33]

Si cumples con esta definición, puedes obtener importantes beneficios, ya que la deducción de pérdidas en bienes raíces tiene limitaciones en el ingreso bruto ajustado (AGI), excepto si se es un profesional inmobiliario. No todos los estados de EE. UU. reconocen esta condición, pero, a nivel federal, los profesionales inmobiliarios pueden deducir sin límite, mientras que los no profesionales solo pueden hacerlo hasta los 25 000 dólares. Recuerda que ser un profesional inmobiliario no tiene nada que ver con ser agente inmobiliario, sino con la cantidad de tiempo que se dedica a gestionar las actividades inmobiliarias.

• • • • • • • • • • • • • •

33. Tony Nitti, «Navigating the Real Estate Professional Rules», The Tax Adviser, 1 de marzo de 2017, https://www.thetaxadviser.com/issues/2017/mar/navigating-real-estate-professional-rules.html.

Roth frente a IRA tradicional: la gran disyuntiva

Como ya he mencionado, cuando se trata de planificación patrimonial, jubilación e impuestos, probablemente la primera pregunta que me hacen es sobre las cuentas Roth IRA frente a las tradicionales. Son diferentes y cada una tiene implicaciones fiscales distintas, razón por la que las abordamos aquí. Comprender las diferencias entre ambas es fundamental para seleccionar el tipo de IRA adecuado que se ajuste a tus objetivos de jubilación y a tu situación financiera. Esta es otra razón por la que no podría escribir un libro que aconsejara un enfoque inamovible, estandarizado. Cada cliente acude a mí con una situación diferente. Solo cuando conozco su historia puedo aconsejarle sobre una estrategia.

Sin embargo, creo que es importante que todo el mundo explore las diferencias entre estos dos tipos de cuentas de jubilación tan populares.

Tratamiento fiscal

Las aportaciones a una cuenta IRA/401K tradicional suelen realizarse antes de pagar los impuestos, lo que significa que es posible que puedas deducir la cantidad que aportas de tus ingresos imponibles, dependiendo de tu nivel de ingresos y de si tú o tu cónyuge estáis cubiertos por un plan de jubilación en el trabajo. Esta deducción reduce los ingresos imponibles del año, lo que proporciona un beneficio fiscal inmediato.

En términos de ganancias, el dinero de una cuenta IRA tradicional crece con impuestos diferidos, lo que significa que no se pagan impuestos sobre las ganancias —intereses, dividendos y ganancias de capital— hasta que el dinero se retira.

Cuando se comienza a retirar de una cuenta IRA tradicional, generalmente después de los 59 años y 6 meses, esas cantidades se gravan como ingresos ordinarios. Si se retira dinero antes de los 59 años y 6 meses, se puede estar sujeto a una penalización por retiro anticipado del 10%, además de los impuestos sobre la renta habituales, a menos que se reúnan los requisitos de determinadas excepciones. Las cuentas Roth IRA, como recordarás, se financian después de impuestos y tienen diferentes implicaciones en términos de impuestos antes y después de los 59 años y 6 meses, y dependiendo de cómo se califiquen esos retiros.

Requisitos

A menudo existe cierta confusión sobre los requisitos que se exigen en términos fiscales. Por ejemplo, algunas personas piensan que son demasiado mayores para obtener algún tipo de beneficio, pero los cambios introducidos en EE. UU. por la Ley SECURE (aprobada en 2019) implican que no es necesariamente así.

Con una cuenta IRA tradicional, no hay límites de ingresos para realizar aportaciones, lo que significa que cualquier persona con ingresos puede aportar. Sin embargo, la posibilidad de desgravar esas aportaciones puede verse limitada en función de los ingresos y de si tú o tu cónyuge estáis cubiertos por un plan de jubilación en el trabajo. Antes de 2020, no se podía contribuir a una cuenta IRA tradicional después de los 70 años y 6 meses. Sin embargo, la Ley SECURE eliminó este límite de edad, lo que permite seguir realizando aportaciones a una cuenta IRA tradicional siempre que se tengan ingresos por trabajo.

Por otro lado, en el caso de la cuenta Roth IRA, los límites de ingresos determinan si se pueden realizar aportaciones y cuánto se puede aportar. Esto se basa en el AGI. Si tu AGI se encuentra dentro de un determinado rango, puedes realizar una aportación reducida. Si tu AGI supera el límite, no puedes contribuir a una cuenta Roth IRA. Y, si está por debajo del umbral, puedes contribuir con el importe total. Además, no hay límites de edad para contribuir a una cuenta Roth IRA siempre que se tengan ingresos.

Aportación Roth por la puerta trasera

Otra gran estrategia para que los ricos se hagan más ricos, en el caso de aquellos que ganan demasiado como para poder contribuir a una cuenta Roth IRA, es aprovechar una forma estratégica de seguir contribuyendo a una cuenta de este tipo: a través de una puerta trasera. La forma de hacerlo es a través de una cuenta IRA tradicional. Suponiendo que ganas demasiado para hacer una contribución deducible de impuestos a una cuenta IRA, tu contribución se convierte en no deducible. Una vez hecho esto, puedes transferir esa cantidad a tu cuenta Roth IRA (libre de impuestos). La razón por la que está libre de impuestos es porque tiene una base para todo lo que ingresa después de impuestos. Esto se documenta en el formulario 8606, que muestra al IRS que tu conversión Roth debe ser libre de impuestos. Esto es algo con lo que luchan los profesionales de los impuestos, por no hablar de los aficionados que utilizan TurboTax o cualquier otro *software* para trabajar con los impuestos. Ten en cuenta que no debes tener dinero en cuentas IRA tradicionales (o SEP o SIMPLE), ya que el IRS lo tiene todo presente para realizar un cálculo prorrateado.

Megacontribución Roth por la puerta trasera

Se utiliza un enfoque similar para una megacontribución Roth por la puerta trasera. En este caso, al igual que una contribución Roth encubierta y una conversión Roth, algunos planes 401(k) te permitirán contribuir más allá de los límites de deducción y contabilizar esa contribución como dinero después de impuestos. A partir de ahí, se convertirá a la parte Roth de tu 401(k).

Límites de contribución

Tanto las cuentas Roth IRA como las tradicionales tienen límites de contribución basados en la edad, con la idea de permitir cierta recuperación para las personas mayores de 50 años. Ten en cuenta estos límites, especialmente si utilizas este tipo de contribuciones como estrategia fiscal.

Distribuciones mínimas obligatorias

Con una cuenta IRA tradicional, estás sujeto a distribuciones mínimas obligatorias (RMD, por sus siglas en inglés), lo que significa que debes comenzar a retirar una cantidad mínima de la cuenta IRA cada año a partir de los 73 años (y, eventualmente, a partir de los 75). Estas RMD se gravan como ingresos ordinarios y, por lo tanto, pueden tener implicaciones fiscales. Tenemos muchos clientes que pasan a un tramo impositivo más alto debido a sus RMD, algo que no esperaban.

Las cuentas Roth IRA no están sujetas a RMD mientras el titular original de la cuenta siga vivo. Esto permite que los ahorros sigan creciendo libres de impuestos durante el tiempo que se decida mantener el dinero en la cuenta. Sin embargo, los beneficiarios que heredan una cuenta Roth IRA pueden estar sujetos a RMD durante diez años. Por supuesto, la cuenta seguiría estando libre de impuestos. Este tipo de consideraciones son la razón por la que las estrategias fiscales para los ricos suelen tener implicaciones en varias generaciones.

La elección entre una cuenta IRA tradicional y una cuenta Roth IRA depende de la situación financiera actual, el tramo impositivo actual, el tramo impositivo previsto para la jubilación y las preferencias personales en cuanto al tratamiento fiscal y la flexibilidad. Muchas personas optan por contribuir a ambos tipos de cuentas IRA como parte de una estrategia más amplia de diversificación fiscal (que se analiza más adelante en este capítulo), lo que les proporciona flexibilidad para gestionar los impuestos tanto ahora como durante la jubilación. Consultar con un planificador financiero puede ayudarte a determinar qué tipo de cuenta IRA se adapta mejor a tus objetivos de jubilación y a tu situación fiscal.

Una estrategia única que a los ricos les encanta utilizar es la contribución caritativa calificada. Esta estrategia es muy útil para aquellos que se inclinan por la caridad. Permite a los titulares de cuentas IRA tradicionales mayores de 70 años y 6 meses tomar su RMD y donarla a una organización benéfica sin ánimo de lucro eximida de impuestos, esto es, del tipo 501(c)(3). Es algo muy útil, ya que el titular de la cuenta IRA puede redirigir estas RMD sin que las retiradas afecten a la declaración de impuestos. No afectará al AGI, a los ingresos imponibles ni a ninguna limitación de deducción por donaciones benéficas. El límite máximo permitido al año es de 100 000 dólares. He visto a personas —a las que les gusta donar— contribuir a una cuenta IRA tradicional con impuestos diferidos con la única intención de contribuir a organizaciones benéficas.

¿Qué hay de la conversión Roth?

En el mundo de las cuentas IRA, esta es la pregunta que se hacen muchas personas. En pocas palabras, una conversión Roth es una estrategia financiera en la que un inversor transfiere fondos de una cuenta IRA tradicional u otra cuenta de jubilación con impuestos diferidos, como una 401(k), a una cuenta Roth IRA. Este proceso implica pagar impuestos sobre la cantidad transferida en el año de la conversión, pero ofrece varias ventajas potenciales que pueden convertirla en una opción atractiva para algunos inversores.

Cuando el mercado bursátil está a la baja, puede tener sentido realizar una conversión Roth. Podrás convertir más acciones de la cuenta IRA tradicional para que se produzca un crecimiento libre de impuestos (también conocido como «rebote»). Por ejemplo, si los mercados caen un 50 %, puede ser el momento perfecto para realizar la conversión, ya que, una vez que el precio de las acciones vuelva a su valor original, se necesitará un repunte del 100 % para volver al punto de partida. Si las acciones se recuperan un 50 % después de caer un 50 %, seguirás sufriendo una pérdida del 25 % en tu posición global. Una de las principales razones por las que los inversores recurren a una cuenta Roth IRA es para disfrutar de retiradas libres de impuestos durante la jubilación. Dado que las cuentas Roth IRA se financian después de impuestos, las distribuciones cualificadas (las realizadas después de los 59 años y 6 meses, y después de que la cuenta haya estado abierta durante al menos cinco años) están completamente libres de impuestos. Esto puede ser especialmente beneficioso para los inversores que saben que estarán en un tramo impositivo más alto durante la jubilación o que quieren evitar el impacto de los impuestos en sus ingresos de jubilación.

A diferencia de las cuentas IRA tradicionales, las cuentas Roth IRA no están sujetas a RMD durante la vida del titular de la cuenta, como sí ocurre en otros casos. Esto permite que el dinero crezca libre de impuestos durante un periodo más largo, lo que proporciona más flexibilidad en la gestión de los fondos de jubilación y, potencialmente, deja una herencia libre de impuestos más cuantiosa a los herederos, por lo que puede formar parte de la planificación patrimonial.

Además, algunos inversores creen que los tipos impositivos pueden aumentar en el futuro debido a cambios en la legislación fiscal o en la política gubernamental de EE. UU. Por desgracia, nadie tiene una bola de cristal. Al convertir la cuenta IRA tradicional en una Roth IRA y pagar impuestos a tipos potencialmente más bajos, los inversores pueden protegerse contra el riesgo de impuestos más altos durante la jubilación.

El proceso de convertir una cuenta IRA tradicional en una cuenta Roth IRA implica evaluar con el equipo de planificación patrimonial si es el enfoque adecuado desde todos los puntos de vista, teniendo en cuenta los ingresos deseados para la jubilación, los herederos, los impuestos, el momento oportuno, las donaciones, etc. También es de esperar que se reciba el asesoramiento de un equipo sólido que ayude a determinar si conviene convertirla en su totalidad o realizar una conversión parcial.

La siguiente ilustración ofrece un buen resumen de las ventajas y el proceso de toma de decisiones para cada opción.

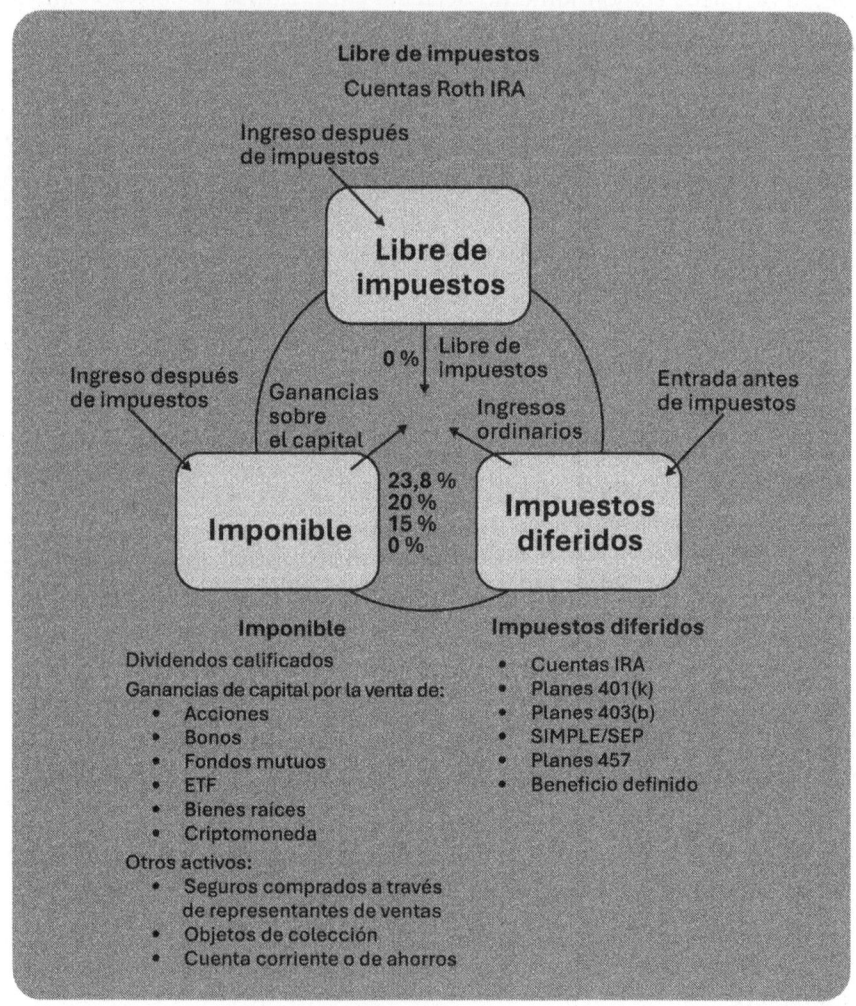

Ponte en contacto con la institución financiera que gestiona tu cuenta IRA para convertirla en una Roth IRA. Si vas a convertir un plan 401(k) u otro plan sufragado por la empresa en la que trabajas, es posible que primero tengas que transferir los fondos a una cuenta IRA tradicional y, a continuación, traspasarlos a una Roth IRA. Recuerda: la conversión a una cuenta Roth no es para todo el mundo, por lo que siempre recomendamos consultar con un asesor fiscal.

Impuestos y fideicomisos

En el capítulo 11, exploraremos los fideicomisos y las herramientas que los ricos pueden utilizar para garantizar su privacidad y hacer lo que de verdad desean con su patrimonio. Ahora abordaremos brevemente un par de fideicomisos y fondos benéficos que tienen implicaciones y beneficios fiscales específicos.

En EE. UU., los dos tipos más comunes de fideicomisos benéficos son el fideicomiso benéfico remanente unitario (CRUT, por sus siglas en inglés) y el fideicomiso benéfico de renta vitalicia (CLAT, por sus siglas en inglés). Ambos implican la distribución de activos a una organización benéfica (lo que es importante para muchas personas). Sin embargo, difieren significativamente en su estructura, finalidad e implicaciones fiscales. Comprender estas diferencias puede ayudar a las personas adineradas a elegir el fideicomiso adecuado para alcanzar sus objetivos filantrópicos y financieros.

El CRUT es un tipo de fideicomiso irrevocable diseñado para proporcionar ingresos a uno o más beneficiarios durante un periodo específico o durante toda la vida de los beneficiarios, mientras que el resto de los activos del fideicomiso se destina finalmente a una o más organizaciones benéficas designadas. La persona que crea el fideicomiso (el «otorgante») transfiere al CRUT activos que, idealmente, se han revalorizado, como valores o bienes inmuebles. Dado que el CRUT es un fideicomiso irrevocable, el otorgante renuncia al control sobre los activos una vez que estos se transfieren al fideicomiso. Es decir, no se puede deshacer.

El CRUT está diseñado para pagar un porcentaje del valor del fideicomiso (recalculado anualmente) a los beneficiarios designados, que suelen ser el otorgante o sus familiares, o todos ellos. El importe del pago fluctúa en función del valor de los activos del fideicomiso, que puede aumentar o disminuir con el tiempo, pero a los beneficiarios les proporciona ingresos.

Por ejemplo, si el CRUT está configurado para pagar un 5 % anual y los activos del fideicomiso valen un millón de dólares en un año, los beneficiarios recibirían 50 000 dólares ese año. Si los activos aumentaran a 1,2 millones de dólares al año siguiente, el pago sería de 60 000 dólares. Una vez finalizado el plazo especificado (ya sea un número determinado de años o por fallecimiento de los beneficiarios), los activos restantes del CRUT se distribuyen a la organización benéfica u organizaciones benéficas designadas.

La razón por la que tratamos este tema en el capítulo es porque el otorgante recibe una deducción benéfica en el impuesto sobre la renta cuando se establece y se financia el CRUT. También hay ventajas en términos de reducción o eliminación de las ganancias de capital y exenciones del impuesto sobre el patrimonio. La deducción fiscal también puede dar lugar a otras estrategias, como las conversiones Roth.

Por su parte, el CLAT es otro tipo de fideicomiso irrevocable, pero funciona de manera opuesta al anterior. Con un CLAT, la organización benéfica recibe los pagos de ingresos durante la vigencia del fideicomiso, por lo que el interés restante se distribuye a beneficiarios no relacionados con la beneficencia, como miembros de la familia, al final de la vigencia del fideicomiso.

En el caso del CLAT, el otorgante transfiere los activos revalorizados y establece las condiciones del fideicomiso, lo que incluye el importe del pago de la renta vitalicia y la duración del fideicomiso. A continuación, la organización benéfica recibe pagos de anualidades fijas (una cantidad determinada cada año) del CLAT durante la vigencia del fideicomiso. Este pago no fluctúa con el valor de los activos del fideicomiso. Una vez finalizado el plazo, los activos restantes del CLAT se distribuyen a los beneficiarios designados por el otorgante, ya sean los familiares u otros herederos.

Una vez más, como estrategia fiscal, se produce una deducción inmediata (en este caso, basada en el valor actual de lo que se aportó originalmente al CLAT). El interés restante que se transfiere a los beneficiarios (herederos) no relacionados con la labor benéfica no se considera parte del patrimonio del otorgante, lo que resulta valioso para las personas adineradas que están sujetas a impuestos sobre el patrimonio.

Esto puede permitir que se transfiera una riqueza significativa a los herederos con un coste fiscal reducido. Si los activos y las inversiones del fideicomiso crecen a un ritmo superior al de los pagos de la renta vitalicia, el exceso de crecimiento se transfiere a los beneficiarios no relacionados con la labor caritativa y sin impuestos adicionales sobre donaciones o sucesiones.

Tanto los CRUT como los CLAT ofrecen oportunidades únicas para realizar donaciones benéficas, al tiempo que proporcionan importantes ventajas fiscales. Un CRUT es ideal para quienes desean asegurarse una fuente de ingresos y, al mismo tiempo, apoyar a una organización benéfica en el futuro, ya que ofrece deducciones inmediatas del impuesto sobre la renta y el aplazamiento de las ganancias de capital. Por otro lado, un CLAT es ideal para quienes desean apoyar a una organización benéfica a corto plazo y, en última instancia, transferir su patrimonio a sus herederos de una manera fiscalmente eficiente. La elección del fideicomiso adecuado depende de los objetivos financieros individuales, el deseo de beneficiar a los herederos o a la organización benéfica y las ventajas fiscales específicas.

La última herramienta fiscal filantrópica que analizaremos es el fondo asesorado por donantes (DAF, por sus siglas en inglés), que permite a personas, familias u organizaciones realizar donaciones benéficas, obtener una deducción fiscal inmediata y, posteriormente, recomendar subvenciones a organizaciones benéficas a lo largo del tiempo. Los DAF son cada vez más populares, ya que ofrecen una forma más flexible, pero igualmente eficiente desde el punto de vista fiscal, de gestionar las donaciones benéficas.

Un DAF se establece mediante la aportación de efectivo, valores u otros activos a una organización benéfica pública que patrocina el fondo. Casi siempre recomiendo donar acciones revalorizadas. Se obtiene la deducción fiscal completa y se evitan futuras ganancias de capital, lo cual supone una doble ventaja fiscal. Si ya tenías pensado vender las acciones, esto puede suponer una ventaja sustancial para quienes sienten una llamada a las acciones benéficas. Muchas instituciones financieras y fundaciones ofrecen DAF. Una vez realizada la contribución, esta es irrevocable, lo que significa que el donante no puede recuperar los activos. Una vez más, cuando se contribuye a un DAF, se tiene derecho a una deducción fiscal inmediata, incluso si no se hacen subvenciones a organizaciones benéficas específicas de inmediato. La deducción se basa en el valor justo de mercado de los activos aportados. Los activos del DAF pueden invertirse, lo que permite que crezcan libres de impuestos con el tiempo. La organización patrocinadora suele ofrecer diversas opciones de inversión, por lo que el donante puede elegir cómo se deben invertir los activos, lo que resulta atractivo para las personas que desean decidir cómo se utilizan sus donaciones, por ejemplo, en organizaciones benéficas específicas.

Con el tiempo, el donante puede recomendar subvenciones del DAF a organizaciones benéficas cualificadas, como organizaciones benéficas públicas, instituciones educativas u organizaciones religiosas. La organización patrocinadora del DAF revisa las recomendaciones para garantizar que las subvenciones cumplan con las regulaciones del IRS y, a continuación, distribuye los fondos a las organizaciones seleccionadas. Esta flexibilidad permite a los donantes crear un plan de donaciones a largo plazo, apoyar causas según surjan las necesidades e involucrar a los miembros de la familia en las decisiones filantrópicas.

Los DAF pueden ser una herramienta eficaz para la planificación del legado. Los ricos inteligentes los utilizan en sus años de altos ingresos, cerca de la jubilación, para obtener la máxima deducción fiscal y asegurar el flujo de caja para donar en el futuro, cuando se encuentren en un tramo impositivo más bajo. Los donantes pueden involucrar a sus herederos para así asegurarse de que sus valores filantrópicos se transmiten a las generaciones futuras. Algunos DAF también permiten nombrar sucesores que puedan seguir realizando subvenciones tras el fallecimiento del donante.

Ahora que hemos hablado de este tipo de herramienta fiscal, pasaremos a una parte muy importante de una estrategia fiscal sólida y bien planificada: la diversificación fiscal.

Diversificación fiscal

La diversificación fiscal consiste en repartir las inversiones entre diferentes tipos de cuentas y clases de activos que se gravan de diversas maneras. El objetivo es gestionar y, potencialmente, reducir la carga fiscal sobre la cartera de inversiones de una persona, tanto a corto plazo como de cara a la jubilación. Al mantener activos en una combinación de cuentas sujetas a impuestos (corretaje), con impuestos diferidos

(IRA tradicional) y libres de impuestos (Roth), los inversores pueden ganar flexibilidad en la gestión de sus impuestos durante las diferentes etapas de la vida y adaptarse a los cambios en la legislación fiscal y según las circunstancias personales.

Para comprender la diversificación fiscal, es esencial conocer los tres tipos principales de cuentas de inversión y cómo se gravan:

Cuentas imponibles. Las cuentas imponibles incluyen las cuentas de corretaje estándar, las cuentas de ahorro y otras cuentas en las que las aportaciones se realizan con dinero después de impuestos. Las ganancias de estas cuentas, como los intereses, los dividendos y las ganancias de capital, se gravan en el año en que se obtienen. Si bien ofrecen liquidez y flexibilidad, estas cuentas no proporcionan ninguna ventaja fiscal inmediata. Sus titulares suelen recibir un formulario 1099 —para reflejar los pagos recibidos— cada año, independientemente de si retiran dinero o no. Se trata de una cuenta de pago por uso.

Cuentas con impuestos diferidos. En ellas se incluyen las cuentas IRA tradicionales, los planes 401(k) y otras cuentas de jubilación cuyas aportaciones suelen ser deducibles de impuestos (dependiendo de los límites de ingresos y las normas del plan). Las ganancias crecen con impuestos diferidos, lo que significa que los impuestos no se pagan hasta que se retiran los fondos, normalmente en la jubilación. Las retiradas se gravan como ingresos ordinarios.

Cuentas libres de impuestos. Las cuentas libres de impuestos incluyen las cuentas Roth IRA y los planes 401(k) Roth, cuyas aportaciones se realizan con importes después de impuestos. La principal ventaja de estas cuentas es que, aunque las aportaciones no son deducibles de impuestos, tanto las ganancias como las retiradas sí lo están, siempre que se cumplan determinadas condiciones (por ejemplo, que la cuenta haya estado abierta durante al menos cinco años y que el titular tenga al menos 59 años y 6 meses).

Una de las principales ventajas de la diversificación fiscal es la flexibilidad que ofrece en la jubilación. Al tener una combinación de cuentas imponibles, con impuestos diferidos y libres de impuestos, las personas jubiladas pueden retirar fondos de forma estratégica para reducir su obligación fiscal global. Por ejemplo, pueden retirar fondos de cuentas Roth libres de impuestos para evitar entrar en un tramo impositivo más alto o utilizar cuentas imponibles para beneficiarse de tipos impositivos más bajos sobre las ganancias de capital.

Con la diversificación fiscal, las personas pueden gestionar mejor sus ingresos durante la jubilación a fin de mantenerse en un tramo impositivo más bajo. Por ejemplo, supongamos que una persona jubilada necesita ingresos adicionales durante un año. Podría retirar fondos de una cuenta Roth IRA (que no se considera renta imponible) en lugar de una cuenta IRA tradicional, para así evitar pasar a un tramo impositivo más alto.

La diversificación fiscal también ofrece flexibilidad para adaptarse a los cambios futuros en la legislación fiscal. Si tienes 40 años, verás múltiples cambios en la legislación. Lo que hoy es ventajoso puede que no lo sea tanto en el futuro. Al diversificar entre diferentes tipos de cuentas, los inversores pueden protegerse contra los cambios en la política fiscal, así como aprovechar el mejor tratamiento fiscal actual.

Como cualquier estrategia de inversión, la diversificación fiscal requiere una revisión y un reequilibrio periódicos. Revisar una vez al año el fondo de inversión no será suficiente para los inversores inteligentes que buscan exprimir al máximo su patrimonio.

Conclusión

La diversificación y las estrategias fiscales deben formar parte de un plan financiero completo. Revisar y ajustar de manera periódica tu estrategia de diversificación fiscal con un planificador especializado te ayudará a garantizar que estás aprovechando al máximo los beneficios fiscales de tu cartera, independientemente de lo que depare el futuro.

Lo más importante es asegurarte de que realmente tienes una estrategia y estás tomando las decisiones financieras más acertadas para ti y tus seres queridos ahora y en el futuro. Los impuestos siempre serán la mayor carga financiera, por lo que una inversión inteligente puede ayudarte a mitigarla sin necesidad de hacer nada ilegal. Me enorgullece continuar con los valores de mi padre, tanto en lo relativo a la honestidad como al deseo sincero de ayudar a las personas. Es necesario conocer todas las reglas antes de utilizar estrategias que ayuden a alcanzar los objetivos financieros.

CAPÍTULO 10
Los ricos se sienten cómodos con la incomodidad

> **"**Si no estás dispuesto a arriesgarte con lo inusual, tendrás que conformarte con lo ordinario.
>
> JIM ROHN

Una de las razones por las que soy capaz de tomar decisiones financieras acertadas es que no me dejo llevar por las emociones. Las emociones no forman parte de mis decisiones de inversión. Lo que de verdad importa es lo que es mejor para mis clientes.

Los ricos se hacen más ricos porque ellos también tratan de controlar las emociones relacionadas con las finanzas y las inversiones (y los que son inteligentes encuentran un socio de confianza que les facilita mucho esa tarea).

A lo largo del libro, hemos hablado de las emociones comunes asociadas con el dinero y las finanzas. Estas emociones pueden ir desde la vergüenza hasta el miedo. Sin embargo, este capítulo trata sobre cómo los ricos se sienten cómodos con la incomodidad.

El riesgo es parte de la vida

Nada es seguro. Todos hemos oído a gente bromear (o quizás nosotros mismos lo hayamos hecho) diciendo que «mañana nos podría atropellar un autobús». ¡Esperemos que ese no sea el destino de ninguno de nosotros! Pero la mayoría de las personas llegan a un punto en la edad adulta en el que se han visto afectadas por acontecimientos difíciles que les muestran que la vida tiene grandes altibajos y que vivir es en sí mismo arriesgado. Por lo tanto, el riesgo es una realidad de la vida, por lo que también lo es de tu vida financiera. Esto se debe a que las finanzas personales tienen mucho de personal.

Las personas de más éxito se dan cuenta de que siempre se ganan algunas cosas y se pierden otras. Aquellas cuya mentalidad responde al patrón de «Me ha ocurrido este acontecimiento negativo, pero voy a aprovechar la experiencia para crecer y superarlo» son aquellas que no dejan que nada las detenga. Siguen adelante.

Esa misma mentalidad se aplica a las inversiones. Vas a ganar algunas cosas. Y vas a perder otras. Pero ganarás mucho más dinero si mantienes tus emociones bajo control, lo que a menudo resulta incómodo, ya que se trata de los ahorros de toda tu vida.

Piensa en cuando el mercado sufre una corrección o una gran venta masiva. Los ricos más hábiles son los que entran y compran mientras las acciones están bajas. Es como comprar en una venta de liquidación. Desde el principio del libro hemos dicho que el dinero es una herramienta. No es buena ni mala de por sí. Simplemente es un medio para que alcances tus objetivos y la vida que deseas. Utilizar la herramienta con una mente aguda y fría es la forma de alcanzar la libertad financiera.

Aquí tienes algunas consideraciones en lo que respecta al riesgo:

Determina tu tolerancia al riesgo. Cada persona tiene su propia tolerancia al riesgo y yo intento no subestimar nunca la importancia de la tranquilidad. Por otro lado, tengo clientes que podrían dejar de trabajar mañana mismo y no tendrían que preocuparse más, aunque vivieran otros cien años: nunca se quedarían sin dinero. Sin embargo, siguen preocupándose por mucho que yo los trate de tranquilizar. La tolerancia al riesgo se ve influida por factores diversos, como la edad, los objetivos financieros, la estabilidad de los ingresos, el horizonte temporal, las experiencias personales y la mentalidad. Esto debe adaptarse a cada cliente específico.

Recuerda que el riesgo no es estático. Sea cual sea tu tolerancia al riesgo en la actualidad, puede ser diferente dentro de seis meses o dentro de cinco años. Alguien que se acerca a la jubilación no suele querer empezar a invertir en acciones de alto riesgo (todos recordamos la burbuja puntocom). En determinados momentos de la vida, como cuando se está pagando la universidad a dos o tres hijos al mismo tiempo o cuando se está preparando un cambio de carrera o se está creando una nueva empresa, es posible que se desee que las finanzas personales conlleven menos riesgo y sean más estables durante un periodo de cambios personales.

Prepárate emocionalmente. Comprender cuánto riesgo estás dispuesto a asumir es fundamental para evitar tomar decisiones impulsivas durante épocas de volatilidad del mercado. (Una vez más, el hecho de que no entres en pánico es una de las razones por las que es importante contar con el socio financiero adecuado. Se necesita tener la mente despejada durante épocas económicas turbulentas o inciertas). En la siguiente sección, analizaremos las actitudes personales hacia la deuda. El riesgo también se define de manera diferente según las opiniones personales y culturales sobre la deuda y la inversión, y además tiene un componente emocional.

Diversifica tus activos. Diversificar las inversiones entre diferentes clases de activos (por ejemplo, acciones, bonos, bienes inmuebles) puede ayudar a mitigar el riesgo, ya que las pérdidas en un área pueden compensarse con las ganancias en otra. Esta es otra razón por la que es esencial que revises con frecuencia tu cartera y finanzas con tu asesor. Al igual que tu tolerancia al riesgo no es siempre la misma, tus activos tampoco deberían serlo.

Prepárate para la volatilidad. El riesgo de mercado se refiere a la posibilidad de que las inversiones fluctúen en valor debido a cambios en el mercado en general. Es esencial comprender y prepararse para ello. Las recesiones económicas, la inflación, los cambios en los tipos de interés y los acontecimientos geopolíticos pueden afectar significativamente al rendimiento del mercado. Prepárate y recurre a la diversificación y otras estrategias. Así que, una vez diversificado, ¡prepárate para actuar ante la volatilidad! Aquí es donde necesitas una gestión estratégica de los activos: comprar y vender para aprovechar las fluctuaciones del mercado. Una vez más, mi enfoque ante las fluctuaciones es ajeno en la medida de lo posible a la emoción: yo veo oportunidades, mientras que otra persona podría entrar en pánico ante cada caída.

Ten en cuenta el riesgo de liquidez. El riesgo de liquidez surge cuando las inversiones no se pueden vender o convertir fácilmente en efectivo sin una pérdida significativa de valor. Los inversores deben considerar la rapidez con la que podrían necesitar acceder a sus fondos. Algunos activos, como los bienes inmuebles o determinadas acciones, pueden ser menos líquidos, lo que significa que puede ser más difícil venderlos rápidamente a un precio justo (como vimos en el capítulo 6, el oro, el arte y otros activos tampoco son tan líquidos como podría pensarse).

Es importante recordar que el riesgo forma parte de las finanzas. Incluso guardar el dinero debajo del colchón conlleva un riesgo. Cuando está en efectivo, la gente piensa que es más seguro. Pero yo sigo insistiendo en que todo conlleva un riesgo. En el caso de alguien que tiene dinero en efectivo, yo diría que está perdiendo una parte debido a que la inflación erosiona su poder adquisitivo. Por lo tanto, creo que, en el fondo, es más arriesgado evitar invertir por miedo, porque solo al otro lado del riesgo inteligente y razonable se puede encontrar la libertad financiera.

Los ricos saben que no todas las deudas son iguales

En cierto modo, Estados Unidos funciona a base de deuda. Compramos las casas con hipotecas y los coches con préstamos para automóviles, e incluso financiamos los estudios universitarios con préstamos. Algunos de nosotros financiamos los gastos médicos y también nuestro estilo de vida (viajes, entretenimiento, etc.) con tarjetas de crédito. Los ricos tienden a considerar las hipotecas y los préstamos para automóviles como «deuda buena» y las tarjetas de crédito y los préstamos personales como «deuda mala».

Los ricos inteligentes saben que no todas las deudas son iguales.

Veamos los distintos tipos y cómo se pueden utilizar en la planificación patrimonial.

Tipos de deuda

Hay varios tipos de deuda. Como he dicho, tendemos a pensar que algunas deudas son buenas y otras malas.

Deuda garantizada. Está respaldada por una garantía, que es un activo que el prestamista puede embargar si el prestatario incumple el pago. Algunos ejemplos comunes son las hipotecas y los préstamos para la compra de automóviles. Si no pagas, el banco te puede embargar la casa, el edificio comercial, el coche, el barco o cualquier otro activo que hayas financiado. Por lo general, la deuda garantizada ofrece tipos de interés más bajos, ya que el riesgo del prestamista se reduce gracias a la garantía.

Deuda no garantizada. Esta no está respaldada por ninguna garantía, lo que significa que el prestamista confía en la solvencia del prestatario. Cuanto más alta sea la calificación crediticia, más favorables serán las tasas que se obtengan. La deuda no garantizada incluye los saldos de tarjetas de crédito y los préstamos personales (que solemos considerar deudas malas).

Deuda renovable. Permite al prestatario pedir prestado, devolver y volver a pedir prestado hasta un límite de crédito determinado. La forma más común de deuda renovable son las tarjetas de crédito. Si alguien tiene un límite de 10 000 dólares y utiliza 2000, el crédito se repone (renueva) a medida que se va pagando el saldo. Otra forma es la línea de crédito con garantía hipotecaria. Se trata de una línea de crédito garantizada por el valor neto de una vivienda, lo que permite un préstamo flexible. La deuda renovable es más flexible (por ejemplo, se puede pagar el mínimo un mes y más al siguiente). Sin embargo, si no se pagan los saldos, el prestatario o el titular de la tarjeta de crédito paga unos intereses más elevados (a menudo, bastante altos). Esta es una de las principales razones por las que los asesores financieros de todo tipo detestan las tarjetas de crédito que acumulan saldo. Ten en cuenta que una línea de crédito de este tipo devenga intereses de inmediato, mientras que una tarjeta de crédito tiene un periodo de gracia de treinta días antes de que se cobren intereses.

Deuda a plazos. La deuda a plazos consiste en pedir prestada una cantidad fija de dinero y devolverla en cuotas periódicas durante un lapso determinado. Las hipotecas son una forma de deuda a plazos y, por lo general, se pagan en un periodo de entre quince y treinta años, al menos en EE. UU. En el caso de los préstamos para la compra de automóviles (o para la adquisición de muebles para el hogar, por ejemplo), los pagos fijos se prolongan durante unos años (la duración más habitual de los préstamos para la compra de automóviles es de seis años).[34] La deuda a plazos significa que se conoce el importe fijo del pago, pero hay menos flexibilidad en comparación con la deuda renovable.

Deuda a corto plazo. La deuda a corto plazo es exactamente lo que su nombre indica. Se trata de una deuda que se espera que se pague en un plazo breve, normalmente inferior a un año. Los préstamos rápidos entran en esta categoría: son préstamos con un interés elevado que deben devolverse desde el siguiente día de pago del prestatario. Las empresas pueden utilizar líneas de crédito para obtener liquidez a corto plazo. Los préstamos rápidos son abusivos y suelen ser utilizados por personas en situaciones de grave dificultad económica. Independientemente del tipo, suelen tener los tipos de interés anuales más elevados.

Deuda a largo plazo. Es aquella que se paga en un plazo superior a un año. Las hipotecas lo son, al igual que los préstamos para estudios. La deuda a largo plazo permite financiar compras de cierta relevancia a

• • • • • • • • • • • • • •

34. Dori Zinn, «How Long Should You Finance a Car?», Forbes Advisor, consultado el 1 de noviembre de 2024, https://www.forbes.com/advisor/auto-loans/how-long-should-you-finance-a-car/.

lo largo del tiempo. Debido a la duración del plazo de amortización, incluso un tipo de interés muy bueno sigue significando que, a lo largo de la vida de la hipoteca, por ejemplo, se pagará una cantidad considerable de intereses. Esto es lo que asusta al ciudadano medio y lo lleva a asumir pagos adicionales. No tienen en cuenta los costes de oportunidad ni comprenden otras alternativas de inversión (¿tan mala es una hipoteca al 2,5 % durante los próximos treinta años, especialmente cuando el S&P 500 ha tenido una rentabilidad media superior al 10 % anual durante los últimos cien años?). No tiene sentido pagar un 2,5 % en lugar de ganar un 10 % (por supuesto, sin garantías).

Deuda a tipo fijo. Esta implica que el tipo de interés al inicio del préstamo se mantiene estable durante toda su vigencia. En este caso, el momento en que se contrata es fundamental. Se obtiene un pago predecible, pero, si se contrata el préstamo a un tipo de interés alto, a lo largo de la vigencia del mismo se pagará más que alguien con un tipo mejor. Por lo tanto, refinanciar la deuda puede tener mucho sentido en un entorno de tipos de interés a la baja.

Deuda a tipo variable. Se trata de una deuda con un tipo de interés que puede variar con el tiempo, en función de las condiciones del mercado. Lo más habitual son las hipotecas de tipo variable. Este es otro caso en el que hay que sopesar el riesgo y el beneficio. Puedes empezar con un tipo bajo, pero debes estar preparado para pagar más si el tipo fluctúa al alza durante la vigencia de la hipoteca. Los préstamos comerciales también se denominan «de tipo variable» y son de la misma categoría.

Las personas ricas que saben bien lo que hacen no solo conocen los tipos de deuda, sino que saben cómo hacer que los beneficie. Por ejemplo, las hipotecas de tipo variable no son muy apreciadas en general, pero los ricos las utilizan porque son más baratas que las de tipo fijo. Y, si saben que solo van a estar en la casa entre cinco y siete años, aprovechan para ahorrar dinero con la acumulación de intereses. También buscan siempre refinanciar su deuda si bajan los tipos de interés.

Los ricos utilizan la deuda en la planificación patrimonial

La forma en que la gente ve la deuda varía según la cultura. Mientras que Estados Unidos es un país muy endeudado, Canadá, Japón, Islandia e Israel tienen ciudadanos que, en promedio, tienen más tarjetas de crédito, pero con saldos más bajos.[35] En algunos países asiáticos e islámicos, las normas relativas a la deuda deben seguir los preceptos de la ley islámica.[36]

Sin embargo, hay una gran diferencia entre la deuda buena y la mala. Dependiendo de tu situación financiera, puedes utilizar la deuda en la planificación y los objetivos de tu patrimonio. Por ejemplo, puedes usarla para invertir en activos, concretamente en viviendas, ya sea como residencia principal, segunda residencia o propiedad de inversión. La deuda también se puede utilizar para financiar otras inversiones, pero todo ello implica adaptarse en función de cada persona, de su tolerancia al riesgo y otros factores.

Las empresas suelen utilizar la deuda para financiar su expansión, por ejemplo, para comprar nuevos equipos, abrir nuevas sedes o invertir en investigación y desarrollo. Innumerables empresas emergentes han aprovechado la deuda en su beneficio. Además, a veces necesitan, al igual que los particulares, préstamos puente para obtener liquidez a corto plazo.

El interés devengado puede ser enorme en comparación con lo que supondría la venta: un alto potencial de impuestos sobre las ganancias de capital. Quienes utilizan inteligentemente la deuda entienden que los préstamos en sus cuentas de corretaje se basan en los diferenciales de la tasa de financiación a un día garantizada (SOFR, por sus siglas en inglés). Esto permite a las personas acaudaladas enriquecerse aún más aprovechando sus propios activos. Piénsalo: ¿por qué vender tu inversión a un tipo impositivo superior al 20 % (solo en la Reserva Federal)? Los tipos SOFR han llegado a estar muy bajos, como el 0,05 % en una fecha tan reciente como 2022.

Los préstamos puente también se utilizan a veces para financiar un breve periodo entre la compra de una vivienda y la venta de otra. Con todo, el problema puede surgir si la venta nunca se lleva a cabo y el préstamo puente se prolonga, ya que los tipos de interés suelen ser elevados.

En ocasiones, la deuda puede utilizarse para obtener ventajas fiscales. Por ejemplo, los intereses pagados por hipotecas pueden dedu-

• • • • • • • • • • • • • •

35. Jenna Shnuer, «Cultures of debt», ADP, 15 de mayo de 2023, https://rethinkq.adp.com/cultures-of-debt/.
36. Shnuer, «Cultures of debt».

cirse de la base imponible, lo que reduce la carga fiscal global. Por su parte, y dependiendo de las circunstancias, en ocasiones los intereses de los préstamos de inversión pueden deducirse fiscalmente.

Además, la deuda puede utilizarse en la planificación patrimonial consolidando los préstamos con intereses elevados, como las tarjetas de crédito, así como en préstamos personales con intereses más bajos, que permiten ahorrar intereses a lo largo de la vida del préstamo y, a menudo, simplifican la situación financiera de una persona.

La deuda también se puede utilizar para establecer o restablecer el crédito como parte de la salud financiera. El uso responsable de la deuda, como los pagos puntuales de las tarjetas de crédito y los préstamos, puede ayudar a construir o mejorar la puntuación crediticia. Esto significa que puedes beneficiarte de mejores condiciones de préstamo en el futuro.

Por último, la deuda puede ser una forma de protegerse contra la inflación. Si los fondos prestados se invierten en activos que se revalorizan más rápido que la inflación, la deuda puede proteger eficazmente contra la inflación. Piensa en alguien a quien le ofrecen un préstamo para comprar un coche con un interés del 0 % al 2 %. ¡Acepta el dinero! Luego puedes invertirlo en algo que te reporte (incluso siendo conservador) un rendimiento del 4 % al 6 %. En este caso, estás ganando dinero con la deuda.

La deuda puede ser una herramienta poderosa en la planificación patrimonial cuando se utiliza con prudencia. Puede permitir el crecimiento, proporcionar flexibilidad financiera e incluso ofrecer beneficios fiscales. Sin embargo, requiere una gestión cuidadosa para evitar los inconvenientes de un endeudamiento excesivo y los altos costes de los intereses.

Una conclusión importante es que debes aprender a utilizar la deuda de forma inteligente. Nunca se sabe cuándo vas a necesitar endeudarte. Por ejemplo, es fácil pedir dinero prestado cuando no lo necesitas. Pero, cuando lo necesitas, el banco ve que tienes dificultades y te concede un préstamo con un alto riesgo. Un riesgo más alto significa que te rechazarán o te aplicarán un tipo de interés elevado.

Mi recomendación es que siempre solicites una línea de crédito con garantía hipotecaria. No te costará nada si no la utilizas. Obtenerla no conlleva ningún coste, no hay cuotas anuales y permanece como una deuda renovable por si la necesitas. Habla con tu asesor financiero para confirmar que las condiciones son buenas y para averiguar cuál es la relación préstamo-valor de tu vivienda, a fin de asegurarte de que tienes suficiente capital.

Otra recomendación es aprovechar siempre la opción de las tarjetas de crédito con grandes ventajas. Estas tarjetas ofrecen beneficios como programas de recompensas. Algunas de ellas ofrecen generosos bonos por darse de alta, primera clase en algunos trayectos en viajes, acceso a salas VIP en aeropuertos o incluso reembolsos en efectivo o depósitos directos en la cuenta.

Por supuesto, puedes utilizar un dinero que no es tuyo de forma gratuita durante treinta días. Si realizas muchas transacciones con una tarjeta y, por ejemplo, tienes que pagar 10 000 dólares al mes, en lugar de utilizar tu propio dinero, puedes utilizar el del banco. Suponiendo que estés ganando más del 5 % en una cuenta de ahorros o en una cuenta del mercado monetario, como en 2024, eso supone cuarenta dólares extra al mes solo por ser inteligente.

Asegúrate de proteger tu crédito. Si te hackean, es mejor que se vea implicada una tarjeta de crédito que la cuenta corriente. La cuenta corriente tiene dinero que puedes necesitar para pagar la hipoteca, emitir cheques y otras cosas importantes. Es valioso porque, cuanta menos gente tenga acceso a tu número de cuenta, más segura estará. Casi todas las tarjetas de crédito tienen protección contra el fraude y realizan créditos instantáneos mientras investigan, ya que están afiliadas a Visa, Mastercard o American Express. Esto brinda una protección y control adicionales en caso de que se produzcan esas situaciones.

Conclusión

A estas alturas, los lectores pueden ver que existe una complejidad en el enfoque global de la planificación patrimonial, que tiene en cuenta todos los aspectos, no solo los productos en sí. Además, los ricos suelen tener activos que los sobrevivirán durante generaciones. A continuación, hablaremos de cómo los ricos dejan un legado.

CAPÍTULO 11
Los ricos quieren dejar un legado

> **"**El mejor uso que se le puede dar a la vida es dedicarla a algo que la sobreviva.
>
> WILLIAM JAMES

C ada vez que fallece alguien famoso y rico, vemos cómo las hienas se abalanzan. En la cultura actual, obsesionada con las celebridades, cuando alguien fallece, los medios de comunicación y las redes sociales muestran una enorme curiosidad por saber cómo murió y cuánto dinero y activos dejó, así como quién lo hereda. Muy a menudo, vemos que el patrimonio de las celebridades son un desastre, lo que no hace más que alimentar los cotilleos y el drama.

A los ricos les sigue gustando tener el control. Tanto si estás vivo como si no, puedes decidir —o haber decidido— dónde va tu dinero: o bien va a parar a ti (o a tus herederos), al Estado o a organizaciones benéficas. Tu trabajo es elegir dos de las tres opciones. La mayoría de la gente no se da cuenta de eso. Hay una razón por la que los multimillonarios crean organizaciones benéficas y donan la mayor parte de su fortuna a la caridad. Pero lo más importante es que los ricos quieren poder tomar las decisiones que tienen implicaciones incluso después de su muerte. Ellos deciden quién la recibe, cuándo y cómo.

Cuando falleció Heath Ledger, resultó que nunca había actualizado su testamento para que incluyera a su hija. Toda su fortuna quedó en manos de sus padres y hermanos. Afortunadamente (y de forma inusual), su familia anunció que, independientemente del testamento, su patrimonio pasaría a su hija: hicieron lo correcto.[37] Howard Hughes falleció en 1976 y se tardó treinta y cuatro años en liquidar su patrimonio, que se repartió entre sus veintidós primos.[38] Stieg Larsson, el brillante autor de la saga *Millennium,* dejó una herencia de 40 millones de dólares... y ningún testamento. Su compañera sentimental durante treinta años, que fue fundamental en su obra y su vida, se quedó sin recursos, ya que la legislación sueca no reconoce las uniones de hecho.[39] Por lo tanto, su familia heredó el patrimonio, a pesar de que no era el deseo del autor. Los patrimonios de Prince, Michael Jackson, James Brown y Aretha Franklin (¡el de esta última incluía una nota manuscri-

• • • • • • • • • • • • • • •

37. Dan Berman, «10 Big Estate Planning Mistakes of the Rich & Famous», 13 de marzo de 2014, https://www.thinkadvisor.com/2014/03/13/10-big-estate-planning-mistakes-of-the-rich-famou/.
38. Kris Hudson, «GGP, Howard Hughes Heirs Settle Las Vegas Payment», *Wall Street Journal,* 20 de septiembre de 2010, https://www.wsj.com/articles/SB100014 24052748704416904575502292011174892.
39. Berman, «10 Big Estate Planning Mistakes».

ta encontrada en los cojines de su sofá!)[40] se enfrentan constantemente a una mala planificación que causa dolor a las familias, tanto económica como emocionalmente, y que son objeto de un intenso escrutinio por parte del público.

El legado incluye proteger el patrimonio para que se gestione como se desea, así como el legado que se quiere dejar, ya sean bienes y herencias para los seres queridos o donaciones filantrópicas y fideicomisos.

Examinemos algunas de las cuestiones que se plantean los ricos en lo que respecta a su legado.

Los ricos quieren evitar la sucesión

Los ricos suelen tratar de evitar la sucesión por varias razones, entre ellas la privacidad, la rentabilidad, la rapidez y el control sobre la distribución de los activos. La sucesión es el proceso legal mediante el cual se valida el testamento de una persona fallecida y se distribuyen sus activos bajo la supervisión de un tribunal. Aunque cumple una función vital, puede ser engorrosa y tener inconvenientes que los ricos prefieren evitar.

Razones para evitar la sucesión

Algunas de las razones más comunes para evitar la sucesión son las siguientes:

Privacidad. Los procedimientos de sucesión son de dominio público, lo que significa que cualquier persona, desde los medios de comunicación hasta vecinos entrometidos, puede acceder a los detalles del patrimonio, incluido el valor de los bienes y los nombres de los beneficiarios. Las personas adineradas prefieren mantener la privacidad de sus asuntos financieros y la distribución de su patrimonio por razones de privacidad y seguridad.

Rentabilidad. La sucesión implica gastos judiciales, la intervención de abogados y los honorarios del albacea. Estos gastos pueden reducir el valor de la herencia para quienes la reciben.

• • • • • • • • • • • • • •

40. Berman.

Eficiencia temporal. La sucesión puede ser un proceso largo que puede tardar varios meses o incluso años en completarse, dependiendo de la complejidad del patrimonio y de si surgen disputas. Este retraso puede impedir que los beneficiarios accedan a su herencia en poco tiempo.

Control y flexibilidad. Como recordarás, una de las cosas importantes para los ricos es el control. Como he mencionado, aunque no tengan planes de jubilarse, les gusta saber que son los capitanes de su propio barco y que, si quisieran jubilarse, podrían hacerlo. Quieren tener ese control. La sucesión implica la supervisión de un tribunal, lo que puede limitar el control que el fallecido tenía sobre la distribución de sus bienes. Al evitar la sucesión, los ricos pueden asegurarse de que sus deseos se cumplan sin interferencias externas.

Posibilidad de disputas. La sucesión testamentaria puede dar lugar a impugnaciones por parte de herederos u otras personas involucradas que queden descontentas, lo que puede provocar disputas y litigios. Evitar la sucesión testamentaria ayuda a reducir el riesgo de tales conflictos, ya que la herencia se gestiona de forma privada.

Exploremos los métodos para evitar la sucesión testamentaria a los que tienen acceso los ricos y todas las personas que realizan una planificación patrimonial.

Cómo las personas acaudaladas evitan la sucesión y maximizan su patrimonio

Las personas adineradas han aprendido a dominar la planificación patrimonial. Dicho de otra forma, contratan a un equipo para que se cumplan sus deseos y se proteja a la siguiente generación. A continuación se analiza cómo lo logran:

Fideicomisos en vida (fideicomisos revocables). Un fideicomiso en vida se crea durante la vida de una persona, cuando los activos se transfieren al fideicomiso. La persona (fideicomitente) puede actuar como fideicomisario, gestionando los activos, y tras su fallecimiento un fideicomisario sucesor distribuye los activos a los beneficiarios, de acuerdo con los términos del fideicomiso. La gran ventaja de esto es que, dado que el fideicomiso es propietario de los activos, estos no pasan como bienes de sucesión. Este método permite una transferencia privada, eficiente y directa de los activos.

Copropiedad con derecho de supervivencia. Esta forma de proteger los activos —como los bienes inmuebles, las cuentas bancarias y las cuentas de corretaje— implica que los bienes pueden ser de propiedad conjunta con otra persona, normalmente el cónyuge, la pareja o un hijo. Tras el fallecimiento de uno de los propietarios, la propiedad pasa automáticamente al copropietario superviviente sin necesidad de un proceso de sucesión. Este acuerdo garantiza una transferencia de propiedad fluida e inmediata sin sucesión.

Cuentas «pagables en el momento del fallecimiento» (POD, por sus siglas en inglés) y cuentas «que se transfieren en el momento del fallecimiento» (TOD, por sus siglas en inglés). En este caso, las cuentas bancarias, las cuentas de jubilación y ciertas cuentas de inversión pueden designarse como POD o TOD. El titular de la cuenta nombra a un beneficiario que recibe de manera automática los activos tras el fallecimiento del titular. Estas cuentas pasan directamente al beneficiario, lo que evita la sucesión.

Designación de beneficiarios. Las pólizas de seguro de vida, las cuentas de jubilación (como las 401[k] y las IRA) y las rentas vitalicias suelen permitir al titular de la cuenta nombrar a un beneficiario. Tras el fallecimiento del titular de la cuenta, estos activos pasan directamente al beneficiario sin pasar por un proceso de sucesión. Se trata de una transferencia directa de activos que garantiza una distribución rápida y privada.

Donaciones y transferencias en vida. Muchas personas adineradas optan por donar activos a sus herederos mientras aún están vivas. Esto puede reducir el tamaño del patrimonio y, en consecuencia, los activos sujetos a sucesión. Las donaciones en vida no solo evitan la sucesión, sino que también pueden reducir los impuestos sobre el patrimonio si se realizan de forma estratégica. Una vez más, aquí es donde tus estrategias de planificación fiscal deben funcionar en conjunto con tu planificación patrimonial. No basta con obtener asesoramiento sobre inversiones: es necesario que comprendas tu situación financiera en su totalidad, incluido el legado.

Fideicomisos irrevocables. A diferencia de los fideicomisos revocables, estos no pueden modificarse ni revocarse una vez creados. Los activos transferidos a un fideicomiso irrevocable se retiran del patrimonio del individuo, lo que puede reducir los impuestos sobre el patrimonio y evitar la sucesión. Esto proporciona protección de los activos y puede ser una herramienta poderosa en la planificación patrimonial de las personas adineradas.

Sociedades limitadas familiares. Este tipo de sociedad permite a los miembros de la familia compartir la propiedad de activos, como bienes inmuebles, negocios o inversiones. La generación mayor puede mantener el control mientras transfiere gradualmente la propiedad a los herederos, para ir así reduciendo el tamaño del patrimonio.

Fideicomisos dinásticos. Un fideicomiso dinástico es un fideicomiso a largo plazo diseñado para transmitir el patrimonio de generación en generación sin incurrir en impuestos sobre el patrimonio, donaciones o transferencias entre generaciones. Es una herramienta de planificación patrimonial que permite a los ricos preservar y proteger sus activos al tiempo que garantiza que su patrimonio beneficia a varias generaciones en el futuro (a veces de forma indefinida, aunque esto se rige, en el caso de EE. UU., por la legislación de cada estado). Dado que los activos se mantienen en fideicomiso y no los hereda directamente cada generación, no están sujetos a impuestos sobre el patrimonio al fallecer cada beneficiario sucesivo. Estos fideicomisos suelen estar protegidos frente a acreedores, demandas y divorcios que afecten a los beneficiarios, lo que proporciona una capa de seguridad para los activos.

Fideicomiso intencionalmente defectuoso del otorgante (IDGT, por sus siglas en inglés). Esta es una sofisticada herramienta de planificación patrimonial utilizada principalmente por personas adineradas para transferir activos a sus beneficiarios reduciendo los impuestos sobre el patrimonio y las donaciones. A pesar de su nombre algo engañoso, el «defecto» del fideicomiso es intencional y se refiere a cómo se trata el fideicomiso a efectos del impuesto sobre la renta, no a un defecto en su estructura. A efectos del impuesto sobre el patrimonio, el IDGT se considera una entidad separada del otorgante. Esto significa que los activos transferidos al fideicomiso se eliminan del patrimonio imponible del otorgante, lo que puede reducir los impuestos sobre el patrimonio. A efectos del impuesto sobre la renta, el IDGT se trata como un «fideicomiso otorgante», lo que significa que el otorgante (la persona que establece el fideicomiso) es responsable de pagar los impuestos sobre la renta de las ganancias del fideicomiso. Este es el «defecto» que se diseña intencionadamente. El IDGT puede ser una muy buena herramienta de planificación patrimonial para los ricos, pero, como seguramente ya habrás comprendido a estas alturas, estas figuras son complejas. Su uso requiere una planificación cuidadosa y debe llevarse a cabo con la orientación de profesionales experimentados.

Fideicomiso de anualidad retenida por el otorgante (GRAT, por sus siglas en inglés). El GRAT es una herramienta de planificación patrimonial que se utiliza para reducir los impuestos sobre donaciones y sucesiones al transferir el patrimonio a los beneficiarios, normalmente hijos o nietos. Permite al otorgante colocar activos en un fideicomiso y recibir un pago de anualidad durante un periodo determinado. Una vez finalizado el periodo de anualidad, los activos restantes del fideicomiso pasan a los beneficiarios, a menudo con pocas o ninguna consecuencia en materia de impuestos sobre donaciones. El valor de este interés restante se trata como una donación a efectos fiscales, pero a menudo es mínimo o nulo, dependiendo de cómo esté estructurado el GRAT.

Fideicomiso matrimonial. A veces denominado «fideicomiso de derivación» o «fideicomiso de protección crediticia». En un fideicomiso matrimonial, cuando fallece uno de los cónyuges, los activos del fideicomiso no se incluyen como parte del patrimonio del superviviente, lo que reduce los impuestos sobre este. Para las personas muy ricas, se trata de una herramienta muy eficaz para reducir los impuestos sobre el patrimonio. Las cifras pueden cambiar y cambiarán, pero, por ejemplo, en 2022, el límite del impuesto sobre el patrimonio en EE. UU. era de unos 12 millones de dólares por persona. Sin embargo, el patrimonio neto de una pareja puede duplicar esa cifra (alcanzar los 24 millones de dólares) y quedar exento del impuesto sobre el patrimonio si existe un fideicomiso matrimonial.

Fideicomiso de residencia personal calificado (QPRT, por sus siglas en inglés). El QPRT es una herramienta de planificación patrimonial que permite al propietario de una vivienda transferir su residencia principal o secundaria a un fideicomiso y conservar el derecho a vivir en ella durante un número determinado de años. La principal ventaja del QPRT es que ayuda a reducir el valor imponible de la vivienda a efectos del impuesto sobre el patrimonio, lo que permite al propietario transmitir la residencia a los beneficiarios con un coste reducido en concepto de impuesto sobre donaciones. El otorgante sigue en la vivienda, como de costumbre, y asume la responsabilidad de todos los gastos relacionados con la propiedad. La residencia sigue considerándose parte del patrimonio del otorgante a efectos del impuesto sobre la renta, pero no a efectos del impuesto sobre el patrimonio durante el plazo retenido. Una vez finalizado el plazo retenido, la propiedad de la residencia pasa a los beneficiarios (normalmente los hijos), ya sea directamente o mediante un fideicomiso. En ese momento, el otorgante ya no tiene derecho a ocupar la vivienda, a menos que pague un alquiler de mercado justo a los beneficiarios. Un riesgo de esta forma de fideicomiso es que, si el otorgante fallece antes de que finalice el plazo de retención, el valor de la residencia se incluye en su patrimonio, lo que anula los beneficios fiscales previstos en esta figura. También se produce una pérdida de control tras el plazo de retención, lo que puede plantear problemas emocionales, financieros o de relación y confianza.

Propiedad con interés terminable calificado (QTIP, por sus siglas en inglés). El fideicomiso QTIP es una herramienta de planificación patrimonial que permite a una persona (normalmente el cónyuge) controlar la distribución de los activos tras el fallecimiento de su pareja, al tiempo que proporciona sustento al cónyuge superviviente durante su vida. El objetivo principal es garantizar que el cónyuge que le sobrevive reciba apoyo financiero, al tiempo que permite al otorgante (la persona que establece el fideicomiso) controlar cómo se distribuyen los activos restantes tras el fallecimiento del superviviente. Durante la vida de este último, este recibe todos los ingresos generados por los activos del fideicomiso. Estos ingresos pueden proporcionar apoyo financiero y mantener el nivel de vida, así como sufragar los gastos de mantenimiento del hogar conyugal. Tras el fallecimiento del cónyuge superviviente, los activos restantes del fideicomiso QTIP se distribuyen entre los beneficiarios restantes según lo especificado por el otorgante. Estos beneficiarios pueden ser hijos de un matrimonio anterior, otros miembros de la familia o incluso organizaciones benéficas. Uno de sus usos más comunes es en segundas nupcias, de modo que el cónyuge superviviente reciba cuidados, pero el patrimonio pase finalmente a los hijos o nietos del otorgante.

Fideicomiso irrevocable de seguro de vida (ILIT, por sus siglas en inglés). Uno de los fideicomisos que utilizan los ricos es el ILIT. Básicamente, se trata de un tipo especial diseñado para permitir al otorgante poseer y controlar una póliza de seguro de vida al tiempo que se eliminan los ingresos de la póliza del patrimonio imponible del otorgante. El objetivo principal es reducir los impuestos sobre el patrimonio y proporcionar liquidez para pagar los impuestos sobre el patrimonio, las deudas u otros gastos, o para proveer a los beneficiarios de un método fiscalmente eficiente. Consideremos, por ejemplo, el caso de una persona muy rica que quiere dejar en herencia a sus hijos la casa de vacaciones familiar en la playa, situada en una zona muy cara. Sin embargo, los hijos se han dedicado a profesiones más modestas: uno es profesor y el otro tiene una pequeña empresa de contabilidad. No están en condiciones de hacer frente a los impuestos sobre el patrimonio de una segunda vivienda valorada en varios millones de dólares y otras herencias de similar calibre.

El ILIT permite a los beneficiarios heredar sin esas cargas.

A los ricos les gusta dejar un legado filantrópico

Warren Buffett ha donado más de 40 000 millones de dólares a lo largo de su vida y está comprometido con causas diversas, como la lucha contra la pobreza.[41] El magnate inmobiliario Donald Bren ha donado más de mil millones a sus causas favoritas: la conservación de la naturaleza y la educación.[42] Los multimillonarios suelen dedicar parte de sus recursos a la filantropía, pero personas de todos los niveles de ingresos y riqueza suelen tener una parte caritativa.

Sin embargo, cuando los ricos se dedican a labores filantrópicas, hay varias cuestiones clave que deben tener en cuenta para garantizar que sus donaciones sean eficaces, estén en consonancia con sus valores y sean éticamente responsables. A continuación se presentan algunas consideraciones importantes:

Impacto. Los filántropos adinerados deben centrarse en iniciativas que puedan producir resultados a largo plazo, en lugar de soluciones a corto plazo. Es importante evaluar y supervisar el impacto de sus donaciones para garantizar que los fondos se utilicen de manera eficaz y marquen una diferencia. También pueden querer ampliar sus esfuerzos para tener un impacto aún mayor, así como buscar formas de garan-

• • • • • • • • • • • • • •

41. *Forbes*, «The 25 Most Philanthropic Billionaires», consultado el 1 de noviembre de 2024, https://www.forbes.com/sites/forbeswealthteam/2021/01/19/americas-top-givers-the-25-most-philanthropic-billionaires/.
42. *Ibid.*

tizar que las iniciativas que apoyan sean sostenibles. Por ejemplo, si alguien apoya iniciativas para paliar la falta de vivienda, es posible que quiera ver con qué rapidez y cuántas personas salen de albergues y se trasladan a viviendas de la organización benéfica que apoya, y que los beneficiarios de la ayuda reciban formación laboral y otro tipo de apoyo para garantizar que puedan mantener la vivienda. Si apoyan a un museo o un hospital, querrán ver que eso ayuda a la comunidad.

Alineación con los valores personales y la misión. Los filántropos deben tener una idea clara de sus propios objetivos y valores. Esto les ayuda a seleccionar las causas y organizaciones adecuadas a las que apoyar y garantiza que sus donaciones sean coherentes y tengan un propósito.

Implicaciones fiscales y cumplimiento legal. Aunque la filantropía puede proporcionar beneficios fiscales, las personas adineradas deben asegurarse de que sus donaciones estén motivadas principalmente por el deseo de generar un cambio positivo y no solo por consideraciones de ahorro monetario. Al fin y al cabo, el dinero se destina a la caridad, ya sea mediante una renta vitalicia benéfica, un CRUT o un CLT. Por lo tanto, asegúrate de que las organizaciones benéficas que apoyas estén en consonancia con tus pasiones.

Legado filantrópico y sucesión. Para aquellas personas interesadas en crear un legado filantrópico, involucrar a los miembros de la familia en el proceso de toma de decisiones puede garantizar que la misión continúe a lo largo de generaciones. Planificar la gestión futura de los esfuerzos filantrópicos (es decir, la planificación de la sucesión) es fundamental para garantizar que la misión y los valores se mantengan después de que quien inició todo el proceso ya no participe.

Equipos de asesoría. Contar con asesores profesionales, como planificadores financieros, abogados y consultores especializados, ayuda a garantizar que la estrategia sea eficaz, cumpla con la legislación y esté en consonancia con los objetivos del donante.

Diligencia debida. Por último, llevar a cabo una diligencia debida exhaustiva sobre las organizaciones e iniciativas que se financian ayuda a prevenir el fraude, la mala gestión y otros riesgos.

En resumen, aunque la filantropía ofrece a las personas muy adineradas una forma lícita de lograr un cambio positivo, requiere una cuidadosa consideración del impacto, las implicaciones éticas y la estrategia a largo plazo. Al tener en cuenta estas cuestiones, los filántropos pueden sacar el máximo provecho a la eficacia y la integridad de sus iniciativas.

Un aspecto importante es que las personas adineradas pueden crear su propia organización privada sin ánimo de lucro 501(c)(3) (llamada así por estar recogida en la sección 501(c)(3) del Título 26 del Código de los Estados Unidos). He visto que estas suelen funcionar de dos maneras:

1. El donante quiere crear una fundación en la que donar dinero a una causa específica o quizás a un tipo de personas a las que quiere ayudar y con las que se identifica. Por ejemplo, el hijo mayor que creció sin padre puede donar a organizaciones benéficas centradas en la protección de la infancia o a los Boy o Girl Scouts.
2. La persona quiere crear una organización, como la YMCA. He visto casos en los que se trata de un museo de arte o una organización de ayuda a la juventud. Estas organizaciones pueden tener gastos e ingresos y actuar como una empresa.

Para aquellos con mucha iniciativa y que tienen los medios, esta organización puede gestionarse durante generaciones.

Creación y actualización de testamentos y planes sucesorios

El testamento y el plan sucesorio son muy importantes. Aunque el testamento por sí solo no evita la sucesión, contar con un plan sucesorio bien elaborado que incluya una combinación de fideicomisos, propiedad conjunta y designación de beneficiarios puede reducir los activos sujetos a sucesión. Esto garantiza que la mayor parte posible del patrimonio se transfiera fuera de la sucesión, lo que reduce los costos, los retrasos y el riesgo de disputas.

Sin embargo, un testamento tampoco es un documento estático. Debe revisarse con frecuencia, especialmente durante los grandes cambios vitales. A continuación, se incluyen algunas consideraciones en lo que respecta a los testamentos y la planificación patrimonial:

Cambios en la vida. Los matrimonios, divorcios, segundas o terceras nupcias, etc. (también entre los hijos adultos), implican que es necesario actualizar el testamento. En muchas jurisdicciones, el matrimonio o el divorcio pueden revocar automáticamente partes del testamento. Otros cambios en la vida incluyen el nacimiento o la adopción de hijos, así como la aparición de nietos. Revísalo también debido a posibles cambios vitales de las personas aludidas en el testamento: es posible que hayas nombrado a un tutor para tus hijos que no sea la mejor opción o que un beneficiario o albacea haya fallecido. El testamento debe reflejar la situación más actual posible. Además, los cambios significativos en los activos justifican una revisión del testamento. Es posible que hayas heredado dinero, vendido tu empresa o ejercido una opción sobre acciones. Si tus circunstancias han cambiado, es posible que tu testamento también deba hacerlo.

Cambios en las relaciones. Joan Crawford es famosa por haber desheredado a sus hijos (aunque su hija se vengó con la película *Queridísima mamá*, también conocida como *Mamita querida*). Esperemos que tus relaciones familiares siempre permanezcan intactas. Sin embargo, la dinámica familiar cambia. Por ejemplo, conozco a alguien que nombró a un amigo de la familia como tutor de sus hijos, pero luego, cuando sus hijos mayores alcanzaron la edad adulta, cambió su testamento para que su hijo menor fuera a vivir con su hermana casada si ocurría algo. La dinámica cambia tanto por razones positivas como negativas. Si te distancias o te reconcilias con un miembro de tu familia, es posible que desees modificar su papel en tu testamento o actualizar la distribución de tus bienes.

Cambios en las leyes. Las leyes sobre sucesiones e impuestos cambian con frecuencia. Actualizar el testamento garantiza que el plan sucesorio aprovecha las leyes vigentes para reducir el pago de impuestos y maximizar la herencia de los beneficiarios.

Cambios en el estado o país de residencia. Si te mudas a otro país o región, es posible que tengas que actualizar el testamento para cumplir con las leyes locales y garantizar que sea legalmente ejecutable.

Asegurarse de que se cumplan tus deseos. Todos evolucionamos. Lo que antes era importante para ti puede que ya no lo sea. Curiosamente, conozco a una anciana que escribió que desheredaría a su hijo si se casaba con una mujer de otra religión. Cuando aún con 38 años seguía soltero, ella cambió de opinión y solo quería nietos. El joven se enamoró de alguien que no compartía su fe y todos acabaron siendo muy felices. Un plan sucesorio adecuado también puede utilizarse para establecer ciertas restricciones en herencias considerables, como repartir sumas de un fideicomiso o testamento en función de si se consigue o no una graduación universitaria, al llegar a una determinada edad u obtener un empleo, cuando se celebra un matrimonio, etc.

Reflejar los cambios según las circunstancias de los beneficiarios. Las necesidades y circunstancias de los beneficiarios pueden cambiar con el tiempo. Por ejemplo, un beneficiario puede desarrollar necesidades especiales o puedes querer crear un fideicomiso para gestionar tu herencia de forma responsable. A medida que los beneficiarios menores de edad alcancen la edad adulta, es posible que quieras cambiar la forma en que reciben la herencia, por ejemplo, eliminando restricciones o nombrándolos albaceas.

Al considerar tus objetivos patrimoniales a largo plazo, teniendo en cuenta tanto a tu familia como a las circunstancias, te asegurarás de que tu dinero siga siendo gestionado de la forma que deseas después de tu fallecimiento.

Conclusión

Los ricos saben lo que quieren, pero a veces no saben cómo conseguirlo. Por eso veo constantemente que las personas exitosas se rodean de personas o socios que pueden garantizarles el logro de sus objetivos. En lo que respecta a la planificación patrimonial no es diferente: quieren seguir tomando las decisiones cuando ya no estén vivos o no puedan actuar. Seguramente nadie conoce en profundidad todo lo apuntado en las páginas anteriores en materia de planificación patrimonial, pero buscar el asesoramiento de un profesional te garantizará alcanzar todos los objetivos patrimoniales que tienes en mente.

Conclusión
Círculo completo

“La honestidad es un regalo muy caro. No la esperes de personas tacañas.

Warren Buffett

Te agradezco que me hayas acompañado en este viaje. Espero que hayas aprendido de las ideas sobre cómo los ricos se hacen más ricos para que tú puedas ser más rico. No espero que todo el mundo comprenda todos y cada uno de los conceptos aquí expuestos, pero deseo que este libro al menos haya planteado algunas preguntas importantes que puedas hacerle a tu asesor financiero. También me gustaría que *Cómo los ricos se hacen más ricos* te haya ayudado a ver qué ideas creativas y útiles existen para planificar tu patrimonio y que busques el socio financiero adecuado para tus necesidades.

Comenzamos este libro con la historia de mi padre, Honesto Abe. Era honesto hasta el extremo. Incluso si eso perjudicaba sus propios intereses, daba el consejo que más satisfacía al cliente. Sin embargo, mirando atrás, no veo cómo la honestidad puede llegar a ser un defecto. Así es como he vivido mi vida hasta ahora, por lo que no tengo intención de cambiar.

De hecho, creo que es precisamente por esa honestidad por lo que mi empresa utiliza su actual modelo de negocio. Basándonos tan solo en honorarios, algo poco común en el sector de la planificación patrimonial, mi personal cobra un salario. No necesitan ganar comisiones ni utilizar tácticas de presión. No hay necesidad de orientar a los clientes hacia un producto u otro, podemos analizar y asesorar sobre su situación financiera en su conjunto.

Como se puede ver en este libro, es necesario un enfoque holístico. Es evidente que casi nadie puede entender todos los aspectos de las finanzas personales. Pero, suponiendo que seas capaz, ¿es esa la mejor manera de emplear tu tiempo? Los ricos lo entienden e, irónicamente, eso los hace más ricos.

Creo en el modelo que usamos y estoy convencido de que este compromiso es el que impulsa a Falcon Wealth Planning a ser una de las empresas financieras de más rápido crecimiento del país. Gestionamos más de mil millones de dólares en activos. Personalmente, he ayudado a unas cien mil personas con sus finanzas.

Como una de las empresas de más rápido crecimiento en EE. UU., en última instancia eso significa que estamos avalados por muchas personas a las que les gusta lo que hacemos y ven el valor que aportamos. No se trata de encontrar el dentista, el médico o el contratista más barato, ya que la mayoría sabemos que ese no es el camino correcto. Se trata más bien de encontrar la mejor calidad al mejor precio. En cada área importante de tu vida (finanzas, salud, asesoramiento legal, bienes raíces), has de elegir a alguien con quien te lleves bien, en quien confíes y que te ofrezca valor con sus conocimientos y experiencia. Si me acusaran falsamente de asesinato, no elegiría a un iniciado en leyes.

Como CEO, he construido nuestra empresa sobre tres pilares:

1. Somos buenas personas. ¿Qué significa eso? Somos dignos de nuestros clientes; también somos muy competentes. Pero, además, contratamos a personas empáticas. No quiero a mercenarios que trabajen para mí. Quiero a personas que encarnen los principios de mi padre. Personas que te digan la verdad, no lo que es mejor para sus resultados.
2. Solo cobramos honorarios, como he mencionado en repetidas ocasiones. Ese es el único modelo de negocio que se ajusta a mi ética, según el cual no cobramos comisiones de ningún tipo; de ahí que todo mi personal sea asalariado.
3. En consonancia con ello, nadie invierte su dinero con nosotros sin reflexiones previas. Por desgracia, he escuchado historias muy tristes de personas que han invertido en situaciones similares a las de Bernie Madoff. El propio modelo de negocio de Falcon Wealth Planning protege

contra eso, ya que utilizamos custodios externos. Lo hacemos para ofrecer una protección adicional, porque siempre tenemos que actuar en el mejor interés de nuestros clientes. Por eso somos fiduciarios.

En última instancia, espero que este libro demuestre que la planificación patrimonial no es algo tan sencillo como seguir unas pocas instrucciones. Las estrategias fiscales deben funcionar en conjunto con las estrategias de inversión. Si estás en camino de hacerte rico, establecer ahora una estrategia de creación de riqueza es el combustible para tu creciente motor financiero. Si ya eres rico, entonces sabes que es esencial crear un plan multifacético, preferiblemente una estrategia que sea independiente y no se base en que alguien se gane cuantiosas comisiones por venderte algo.

Aprendí de personas ricas y esos conocimientos me han permitido ayudar a miles de personas, incluida a mi propia familia.

Por último, espero que puedas utilizar los consejos de este libro para construir tu propio camino hacia la libertad financiera.

El autor

Gabriel Shahin es padre, esposo y un reconocido planificador financiero. Como presidente y fundador de Falcon Wealth Planning, ha construido su empresa basándose en una creencia fundamental: el cliente siempre es lo primero. Con más de veinte años de experiencia en gestión patrimonial, incluyendo planificación fiscal, inversiones y estrategia financiera, Gabriel ha dedicado su carrera a ayudar a personas y familias a alcanzar sus objetivos financieros. Su enfoque es sencillo: el éxito no se mide por los beneficios, sino por la satisfacción de los clientes a los que presta servicio.

Falcon Wealth Planning se distingue por ser una empresa asesora que solo cobra honorarios, lo que significa que no depende de comisiones de ningún tipo ni vende producto alguno. Esto garantiza que cada consejo es imparcial y se centra en exclusiva en lo que es mejor para el cliente. El compromiso de Gabriel con la transparencia y el servicio centrado en el cliente le ha valido el reconocimiento de *Financial Advisor Magazine*, Wealth Management, AdvisorHub, RIA Intel y muchos otros actores, así como la lealtad de aquellos con los que trabaja.

Para Gabriel, el éxito se mide por la confianza que sus clientes depositan en él y en su equipo. Su enfoque honesto y directo no solo le ha valido premios, sino que también le ha ayudado a establecer relaciones duraderas.

Agradecimientos

En primer lugar, quiero dar las gracias a mi esposa, Sophia, y a nuestros tres hijos. Vuestro amor, paciencia y fe inquebrantable en mí han hecho posible este viaje. En cada paso del camino, habéis sido mi fuerza y mi motivación, recordándome lo que realmente importa en la vida. A mis padres y mi familia, gracias por inculcarme los valores del trabajo duro, la humildad y el servicio. Habéis trazado el camino que recorro hoy. Al increíble equipo de Falcon Wealth Planning: este libro es tanto vuestro como mío. ¡Tenemos un equipo increíble en Falcon Wealth! El progreso que hemos logrado juntos refleja la dedicación y la visión de cada persona de nuestra empresa. Me siento honrado de formar parte del crecimiento de la compañía, donde nos centramos en ayudar a los clientes en lugar de tan solo perseguir beneficios. Nada de esto habría sido posible sin nuestro compromiso por parte de todos de servir a los clientes con integridad y atención. A mis clientes, pasados, presentes y futuros, Falcon Wealth Planning y yo estamos orgullosos de recorrer este camino contigo. Este libro destaca el progreso que hemos logrado y el emocionante viaje que aún continúa. Por último, quiero expresar mi gratitud a *Forbes* por su colaboración en el lanzamiento de este libro. Su apoyo ha sido fundamental y yo no podría haber tenido un mejor colaborador para hacer realidad este proyecto.